瑜伽文库
YOGA LIBRARY

正念 · 解读

瑜伽文库
YOGA LIBRARY

"瑜伽文库"编委会

瑜伽文库
YOGA LIBRARY

正念 · 解读

Living at the Source:
Yoga Teachings of Vivekananda

瑜伽
活在源头的秘义
（第二版）

【印】斯瓦米·辨喜/著

闻中　喻雪芳/译

四川人民出版社

图书在版编目（CIP）数据

瑜伽：活在源头的秘义 / (印) 斯瓦米·辨喜著；
闻中，喻雪芳译. -- 2版. -- 成都：四川人民出版社，
2023.3
（瑜伽文库 / 王志成主编）

ISBN 978-7-220-12940-7

Ⅰ. ①瑜… Ⅱ. ①斯… ②闻… ③喻… Ⅲ. ①瑜伽派
—哲学思想—印度 Ⅳ. ①B351

中国版本图书馆CIP数据核字（2022）第235370号

YUJIA：HUOZAI YUANTOU DE MIYI

瑜伽：活在源头的秘义

[印] 斯瓦米·辨喜　著　闻中　喻雪芳　译

出 版 人	黄立新
责任编辑	何朝霞　张新伟
封面设计	李其飞
版式设计	戴雨虹
责任印制	周 奇

出版发行	四川人民出版社（成都三色路238号）
网　址	http://www.scpph.com
E-mail	scrmcbs@sina.com
新浪微博	@四川人民出版社
微信公众号	四川人民出版社
发行部业务电话	（028）86361653　86361656
防盗版举报电话	（028）86361653
照　排	四川胜翔数码印务设计有限公司
印　刷	成都勤德印务有限公司
成品尺寸	146mm×208mm
印　张	8
字　数	170千
版　次	2023年3月第1版
印　次	2023年3月第1次印刷
书　号	ISBN 978-7-220-12940-7
定　价	49.00元

此书献给辨喜心目中的"神"

——也就是献给你，献给整个人类

宇宙中的一切存在，都在努力完成一个循环，以回归至它的源头，回到它唯一的、真实的源头：自我。

——辨喜

这是万有之主，是一切的知晓者，它是内在的控制者。这是万物之源头，是一切生命的开端，也是一切生命的终结。

——《唵声奥义书》

"瑜伽文库"总序

　　古人云：观乎天文，以察时变；观乎人文，以化成天下。人之为人，其要旨皆在契入此间天人之化机，助成参赞化育之奇功。在恒道中悟变道，在变道中参常则，"人"与"天"相资为用，相机而行。时时损益且鼎革之。此存"文化"演变之大义。

　　中华文明源远流长，含摄深广，在悠悠之历史长河，不断摄入其他文明的诸多资源，并将其融会贯通，从而返本开新、发闳扬光，所有异质元素，俱成为中华文明不可分割的组成部分。古有印度佛教文明的传入，并实现了中国化，成为华夏文明整体的一个有机部分。近代以降，西学东渐，一俟传入，也同样融筑为我们文明的一部分，唯其过程尚在持续之中。尤其是20世纪初，马克思主义传入中国，并迅速实现中国化，推进了中国社会的巨大变革……

　　任何一种文化的传入，最基础的工作就是该文化的经典文本之传入。因为不同文化往往是基于不同的语言，故文本传入就意味着文本的翻译。没有文本之翻译，文化的传入就难以为继，无法真正兑现为精神之力。佛教在中国的扎根，需要很多因缘，而前后持续近千年的佛经翻译具有特别重要的意义。没有佛经的翻译，佛教在中国的传播就几乎不可想象。

随着中国经济、文化之发展，随着中国全面参与到人类共同体之中，中国越来越需要了解更多的其他文化，需要一种与时俱进的文化心量与文化态度，这种态度必含有一种开放的历史态度、现实态度和面向未来的态度。

人们曾注意到，在公元前8世纪至公元前2世纪，在地球不同区域都出现过人类智慧大爆发，这一时期通常被称为"轴心时代"（Axial Age）。这一时期所形成的文明影响了之后人类社会2000余年，并继续影响着我们生活的方方面面。随着人文主义、新技术的发展，随着全球化的推进，人们开始意识到我们正进入"第二轴心时代"。但对于我们是否已经完全进入一个新的时代，学者们持有不同的意见。英国著名思想家凯伦·阿姆斯特朗（Karen Armstrong）认为，我们正进入第二轴心时代，但我们还没有形成第二轴心时代的价值观，我们还需要依赖第一轴心时代之精神遗产。全球化给我们带来诸多便利，但也带来很多矛盾和张力，甚至冲突。这些冲突一时难以化解，故此，我们还需要继续消化轴心时代的精神财富。在这一意义上，我们需要在新的处境下重新审视轴心文明丰富的精神遗产。此一行动，必是富有意义的，也是刻不容缓的。

在这一崭新的背景之下，我们从一个中国人的角度理解到：第一，中国古典时期的轴心文明，是地球上曾经出现的全球范围的轴心文明的一个有机组成部分；第二，历史上的轴心文明相对独立，缺乏彼此的互动与交融；第三，在全球化视域下不同文明之间的彼此互动与融合必会加强和加深；第四，第二轴心时代文明不可能凭空出现，而必具备历史之继承性和发展性，并在诸文明的互动和交融中发生质的突破和提升。这种提升之结果，很可能就构成了第二轴心时代文明之重要资源与有机组成部分。

简言之，由于我们尚处在第二轴心文明的萌发期和创造期，一切都还显得幽暗和不确定。从中国人的角度看，我们可以来一次更大的觉醒，主动地为新文明的发展提供自己的劳作，贡献自己的理解。考虑到我们自身的特点，我们认为，极有必要继续引进和吸收印度正统的瑜伽文化和吠檀多典籍，并努力在引进的基础上，与中国固有的传统文化，甚至与尚在涌动之中的当下文化彼此互勘、参照和接轨，努力让印度的古老文化可以服务于中国当代的新文化建设，并最终可以服务于人类第二轴心时代文明之发展，此所谓"同归而殊途，一致而百虑"。基于这样朴素的认识，我们希望在这些方面做一些翻译、注释和研究工作，出版瑜伽文化和吠檀多典籍就是其中的一部分。这就是我们组织出版这套"瑜伽文库"的初衷。

由于我们经验不足，只能在实践中不断累积行动智慧，以慢慢推进这项工作。所以，我们希望得到社会各界和各方朋友的支持，并期待与各界朋友有不同形式的合作与互动。

"瑜伽文库"编委会

2013年5月

"瑜伽文库"再序

经过多年努力，"瑜伽文库"已粗具体系化规模，涵盖了瑜伽文化、瑜伽哲学、瑜伽心理、瑜伽冥想、体位和呼吸、瑜伽疗愈、阿育吠陀瑜伽乃至瑜伽故事等，既包含着古老的原初瑜伽经典，又包括了现代的瑜伽实践文化。瑜伽，这一生命管理术，正在滋养着现代的瑜伽人。

时间如梭，一切仿佛昨日，然一切又永远不同。自"瑜伽文库"设立起，十余年来，世界巨变如沧海桑田，无论是个人，还是环境、社会，抑或世界，正经历着种种影响难以估量的重大全球性事件。尤其庚子肇起，世界疫情严重，全球化进程突变，经济危机一触即发。在这个进程中，有压力是人们普遍的感受。这个压力来自个人的工作，来自家庭的关系，来自社会的变故，来自身体的透支，来自自我的反省，来自世界的不确定性。伴随着压力的是不知所措，更严重的则是无力或无奈，是生命在追求确定性过程中的某种虚幻和漂浮。

不确定性，是我们的世界普遍的特征。我们总是渴望确定。但在这尘世间，种种能量所建构起来的一切，都是变动不居的。我们人所赋予的一切的名相都是暂时的、有限的。我们需要适应这不确定性。与不确定性为友，是我们唯一的处世之道。

期盼，是我们每个人的自然心理。我们期盼世界和平，期盼身体康健、工作稳定，期盼家庭和睦、关系美好，期盼良善的安身立命。

责任，是我们每个人都需要面对、需要承担的。责任就是我们的存在感，责任越大，存在感越强。逃避责任或害怕责任，则让我们的存在萎缩。我们需要直面自身在世上的存在，勇敢地承担我们的责任。

自由，是我们每个人真正的渴望。我们追求自由，即是追求无限、追求永恒。从最简单的身体自由，到我们在日常生活中种种功能性自由，到终极存在中内心获得安住的自由，自由即是无限。

身份，是我们每个人都期望确定的。我们的心在哪里，我们的身份就在哪里。心在流动，身份也不断在转变。但我们渴望恒久的身份，为的是在尘世中的安宁。

人是生成的。每一个个人做好，社会就会做好，世界就会做好。而个人自己做好，最重要的就是身心安宁。身心安宁，首先就需要一个健康的身体。身体是我们在这世上存在的唯一载体，唯有它让我们种种生活的可能性得以实现。

其次，身心安宁，意味着我们有着抗压的心理能量，有着和压力共处的能力，有着面对不确定的勇气和胆识，有着对自身、对未来、对世界的期盼，意味着对生活的真正信心，对宇宙的真正信心，对我们人的真正信心。有了安宁的身心，我们才能履行我们的责任，不仅是个体的责任，也是家庭的责任、社会的责任、自然和世界的责任，拥有一种宇宙性的信心来承担我们的责任。在一切的流动、流变中，"瑜伽文库"带来的信息，可以为这种种的责任提供深度的根基和勇气，以及人的实践之尊严。

"瑜伽文库"有其自身的愿景，即希望为中国文化做出时代性的持续贡献。"瑜伽文库"探索生命的意义，提供生命实践的道路，奠定生命自由的基石，许诺生命圆满的可能。她敬畏文本，敬畏语言，敬畏思想，敬畏精神。在人类从后轴心时代转向新轴心时代的伟大进程中，为人的身心安宁和精神成长提供她应有的帮助。

人是永恒的主题。"瑜伽文库"并不脱离或者试图摆脱人的身份。人是什么？在宏阔的大地上，在无限的宇宙中，人的处境是什么？"瑜伽文库"又不仅仅是身份的信息。相反，透过她的智慧原音，我们坦然接受我们作为人的身份，但又自豪并勇敢地超越人的身份，我们立足大地，但我们又不只是属于大地的；我们是宇宙的，我们又是超越宇宙的。

时代在变迁，生命在成长。人的当下的困境，不在于选择什么，而在于参与、在于主动的担当。在这个特别的时代，我们见证一切的发生，参与世界的永恒游戏。

人的经验是生动活泼的。存在浮现，进入生命，开创奋斗，达成丰富，获得成熟，登上顶峰，承受时间，生命重生，领略存在的不可思议和无限的可能。

　　"瑜伽文库"书写的是活生生的人。愿你打开窗！愿你见证！愿你奉献热情！愿你喜乐！愿你丰富而真诚的经验成就你！

　　　　　　　　　　　　　　"瑜伽文库"编委会

　　　　　　　　　　　　　　2020年7月

　　斯瓦米·辨喜在他的灵性视域里看到了每一个生命，虽然就其表面而言，只是一个身心的复合体，但实际上，却是神圣的。在他看来，生命的目标，即是要展现，并且亲证这种内在的神圣性，人们可以采用四种瑜伽的道路来实现它，即无私的工作之道，或行动瑜伽（Karma-Yoga）；永恒与无常之间的哲学辨别之道，或智慧瑜伽（Jñāna-Yoga）；奉爱敬神之道，或虔信瑜伽（Bhakti-Yoga）；心的控制之道，或胜王瑜伽（Rāja-Yoga）这四大类。

　　这四种瑜伽就是辨喜的核心思想，它们贯穿在他篇幅巨大的各类著作、演讲、书信与语录当中。全世界最卓越的思想家、研究者、社会改革家与教育人员都在不断地论述辨喜的思想，以及如何运用这些思想，最大程度帮助我们解决当今文明世界所面临的诸多问题与各种危机。然而，无论这些著作多么富有价值，它们毕竟替代不了辨喜本人那些热烈激昂的言辞之中所呈现出来的雄风浩荡的珍贵思想。辨喜的话语能够触动我们的心灵，给我们无穷的力量和光明的指引，激励我们不断地前行、不断地登高，直至我们到达无限的知识、喜乐与力量的最终源头——梵（Brahman）。

而此《瑜伽：活在源头的秘义》一书，即是将我们带至那个源头，以辨喜自己的话语，与他的各种著作当中最核心的思想来撼动我们。这正是此书极特殊的价值所在。

我们很高兴向读者推荐此书。我们在此，也谨向美国的辨喜基金会所给予我们在印度出版这本精美书籍的版权而表示由衷、诚挚的感谢。

香巴拉出版社

1995年8月15日

致谢

我们要感谢所有协助《瑜伽：活在源头的秘义》一书的出版工作的人。梅尔·马戈利斯（Mel Margolis），他自嘲式地形容自己的那句"工作刻板"一语，颇传神地描述了他的严谨；而文字编辑黛安娜·洛伦茨（Diana Lorentz）对该项目的顺利推进有极重要的帮助，避免了无谓的耽搁。当然，我们还要感谢香巴拉（Shambhala）出版社的总编辑肯德拉·克洛欣（Kendra Crossen），因为她的编辑技巧，因为她的耐心、善良与考虑的周全。

我们要向所有参与编纂此书的吠檀多学者们致谢，他们慷慨地抽出自己的宝贵时间，从辨喜的作品中选编他的语录。这个团体包括以下的出家僧人与家居者。他们是：理查德·艾伦（Richard Allen）、斯瓦米·阿特玛鲁帕南达（Swami Atmarupananda）、斯瓦米·阿特玛瓦塔南达（Swami

Atmavartananda）、雷·伯利（Ray Berry）、斯瓦米·帕味萨南达（Swami Bhaveshananda）、乌丽·伯金（Uli Burgin）、涅瓦那·柴坦尼亚（Nirvana Chaitanya）、威廉·E.克罗兰（William E. Corcoran）、玛丽·G.柯桑（Mary G. Corson）、约翰·堂森（John Dobson）、瓦奥莱特·A. 伊顿（Violet A.Eaton）、凯瑟琳·盖斯蒂诺（Kathleen Giustino）、盖尔·T.格里高利（Gail T. Gregory）、埃里克·琼斯（Erik Johns）、克利夫·琼森（Cliff Johnson）、塞尔玛（Thelma）、杰克·林多（Jack Lindow）、桑迪·K.马丁（Sandy K. Martin）、玛丽莲·麦克尔（Marilyn Mclver）、库马尔·米特（Kumar Mehta）、玛姬·米勒（Margie Miles）、马塔·穆黑德（Martha Muirhead）、纳西卡塔（Nachiketa）、米拉·尼农（Mira Nenonen）、亚历克斯·帕帕斯（Alex Pappas）、桑德拉·温克·拉詹（Sandra Winkler Rajan）、斯瓦米·萨哈贾南达（Swami Sahajananda）、P.萨瓦塔玛普拉纳（Pravrajika Sarvatmaprana）、爱德文·舒腊德（Edwin Schroeder）、斯蒂芬·F.沃尔克（Steven F. Walker）、丹尼斯·伊尼格斯（Dennis Yniguez）和弗雷德里克·A.佐奇（Frederick A. Zulch）。我们的感谢也要献给那些不愿透露其姓名的学者。

其中，大部分的选编工作，是由以下这些编辑们来完成的，他们是：婆罗玛查利尼·伊萨尼（Brahmacharini Ishani）、安·肯尼（Ann Kenny）、卡洛琳·肯尼（Carolyn Kenny）、简·李维斯（Leta Jane Lewis）、乔治·里格比

（George Rigby）、尼尔·塞尔那（Nell Siena）、P.唯罗阇普拉纳（Pravrajika Vrajaprana）和斯瓦米·尤伽沙南达（Swami Yogeshananda），他们为了这个工作，无怨无悔地献出了各自的时间、智慧、洞见、分析能力和最仁慈的善意。

还要感谢斯瓦米·阿悉达南达（Swami Asitananda），他是此书的校对者；感谢特德·切诺维斯（Ted Chenoweth），他是信件列表的整理者；以及南加州的吠檀多学会（Vedanta Society of Southern California），因为他们慷慨地允许我们使用最初发表在他们所编辑的《吠檀多与西方》（Vedanta and the West），后来才收录在《斯瓦米·辨喜全集》里面的许多文章，特此致谢。

1893年9月，于美国芝加哥举办的世界博览会期间（1893年5月1日至1893年10月30日），斯瓦米·辨喜（Swami Vivekananda）第一次出现在世界宗教议会的现场。在他的首次演讲中，他以"美国的兄弟姐妹们"来开篇，向现场的几千名听众问好，这热情而真挚的问候，立刻激起了听众们的强烈共鸣，他们报之以长达数分钟的热烈掌声。显然，这里站着一位极宽容的人，他呼吁消除文化的偏见，呼吁众人承认所有宗教平等的真理，以及认为每一个男人、女人和孩子，都具有同样的上天所赋予的内在神性。这是传递给美国的一个全新的思想。于是，辨喜在1893年至1897年第一次旅居西方后，复又在1899年至1900年实现了第二次西方之行，他与美国人民之间建立起了一种亲密的关系，这两次西行，他倾情倾力，把印度最纯粹的吠檀多哲学与瑜伽思想传授给了所有的人。

　　为了纪念他在世界宗教议会期间的表现，以及了解他对美国大陆的精神生活掀起的灵性潮流之巨大贡献，我们特地编纂了这本《瑜伽：活在源头的秘义》。为了准确地呈示辨喜对美国人民的感情与用心，来自全国各地的五十多位吠檀多学者参与了这本书的素材整理工作，我们的这些编纂人员不仅自八大卷的《斯瓦米·辨喜全集》中精心挑选出他的精彩语录，而且，他们中的许多人也参与了该书同世的其他工作。

　　考虑到人们对"自我知识"（Self-knowledge）的追求，有如此之多的相异触发点，《瑜伽：活在源头的秘义》的章节就没有遵循任何一种特定的顺序。故读者不妨从"人的境遇"进入，也可以从"我是谁？"或"作为自我转化的行动"这一章节进入。或者，也可以将其他任何能勾起阅读兴趣的章节作为自己的阅读进路。事实上，对于那些喜欢独立思考的读者来说，规定的章节顺序未必具有吸引力。相反，他们可能希望通过对《瑜伽：活在源头的秘义》一书的整体浏览，来找到一种更适合自己的通往"自我知识"的路径。总之，在任何情况下，从辨喜作品中所选出的这些语录，都有可能形成一种具有实践价值的哲学。

　　此处，我们提请读者们注意两点：首先，辨喜用他那个时代的语言来写作与说话，因此，他会用man、men、mankind同时来称呼男人和女人。事实上，他从来没有想过在性别上要厚此薄彼，此点需要留意。其次，本书原版的副标题，也叫作"辨喜的瑜伽思想"（The Yoga Teaching of Vivekananda），我们用"瑜伽"（Yoga）这个词来描述他的观点。"瑜伽"的意义是指个人与神的联结，或个体自我与宇宙自我的联结等。辨喜第一次在美国展开教育的时候，他自己便是运用"瑜伽"一词，来描述他所传播的思想。后来，他也称自己的观点为"吠檀多"（Vedānta）的观点。

　　本书的内容选自辨喜的各种讲座、课堂讲话、信件、采访，以及对话等。每一个选段的下面，我们皆会标示其出现在《斯瓦米·辨喜全集》（1984—1987年的版本）中的卷次与页码。

目录

○

导　论

　　这本《瑜伽：活在源头的秘义》一书，其实就是一味极有力的强心剂，拥有它，就像我们直接从梵天与诸神那里获得了生命的救援。此书中的思想与话语，可以作用于我们的生活、心灵，作用于我们的精神世界，而它们的基调，就是力量。因为，"力量，就是救治世界疾病的灵药"。这些伟大的思想，不仅切合了我们这个世俗化世界的实际生活，而且，它还有力地应和着至高实在者的那种召唤，应和着神圣者，深深地敲击着人类的神经，激励着我们的斗志，调动起人们各种各样的情感，致力于拥有自我的知识、灵性的圆满、心灵的无私与永不言败的意志等。那些激烈的、苦涩的、拯救性的等先知传道式的话语，所有丰厚而盛大的复杂滋味，尽化一炉。它的活力，会促成你的活力；它的生命，会赋予你以生命；它也会帮助你摧毁虚假、划破幻境。

这位让《瑜伽：活在源头的秘义》一书充满了丰沛的思想话语、富有生命伟力的先知，就是印度近代最伟大的僧侣斯瓦米·辨喜。一个世纪以前，美国人推崇他为风云人物、引领时代步伐的巨大激流，但现在，他的名字却渐次被淡忘、鲜有人知。1893年，当辨喜初次登上美国大陆，不过三十岁左右，身体健硕，意气风发——显然是一位在火焰和神圣中炼就的真正英雄。彼时，他有使命在身，乃为一大事因缘而来。他的伟大古鲁室利·罗摩克利希那（Sri Ramakrishna）于圆寂前曾留有一张纸条，它被少数人看到，上面写着："纳兰（辨喜出家前的名字）将会教导整个世界，其名字会传遍万国，响彻寰宇。……"[①]果不其然，事情就如是发生了。美国这块大陆，是辨喜云游西方时初次发声的地方，也是在那里，他锻造出一些极重要的思想。"我呼吁人们，"他说，"要意识到自己内在的神圣性。"[②]若要了解这位神奇的异人，了解他的真正品格与力量，一句话，要

---

① D.P.Gupta and D.K.Sengupta,eds.,Sri Sri Ramakrishna Kathamrita Centenary Memorial(Chandigrah,India：Sri Ma Trust,1982) p.157. ——原编者注

1887年4月9日，罗摩克利希那的另外一个俗家弟子M告诉当时还是寂寂无闻的普通僧人的辨喜说："他传授给你的能力（指罗摩克利希那曾于花园之屋把能量传递给纳兰，使其迅速进入三摩地一事）里有特殊的目的，他将通过你完成更多的工作。"有一天，大师在一张纸上写着："纳兰将会教育全人类。"辨喜说："当时我也曾告诉他：我不愿做任何事情，但是他却说——你身上的每一根骨头必成就此事！"参见闻中：《印度近代瑜伽之光》，四川人民出版社，2019年。——译者注

② 《斯瓦米·辨喜全集》，加尔各答不二论道院，1984—1987年，第5卷，第187—188页。

了解辨喜的所有伟大的思想，我们还是得从他的生平开始。他的人生的痕迹，与他的思想一样，不同凡响，很值得人们记取。我们的挑战，就在于如何正确地理解它们，并把握它们的真实意义。我们这里的叙述虽然简略，但不可或缺。

　　1863年1月12日，辨喜在东印度呱呱落地。当时，印度是英国的殖民地，由东印度公司掌管。辨喜的家庭属于刹帝利种姓。父亲维希瓦纳特（Wiswanath）是高等法院的律师，母亲黛维（Bhuvaneswari Devi）是虔诚的印度教徒，父母为他取名"纳兰德拉纳特"（Narendranath）。他长大后，身材伟岸，言行果断，所秉承的男子汉之气概，几与文艺复兴时期的英武王子毫无二致。他曾保持着一种独特的生活方式，甚至像行脚僧人那样，云游于印度的那些群山林莽的腹地之间。

　　孩提时的纳兰敏捷、勇敢、精力十足。他性格倔强，轻易不受制于他人。他又像孩子王，起先是与母亲，后来则与同伴，快乐地嬉戏、追逐。然而，因为他英俊潇洒、天资雄拔，又有极强的亲和力，所以朋友们都愿意追随他。早年在学校，以及后来在大学里面，他一直深受欢迎，他富有魅力，极具才情，生活抵达了极致。他就是这样成长着，直到他那极难驯服的印度式智性，触碰到了西方人所提供的思想和社会实践，他深深地被吸引住了。其被强烈吸引的原因有二：其一，西方愿意借着理性，为真理和美寻找出路；其二，西方愿意借着其蓬勃的生机与活力，为生命的自由、为社会的正义不惜殒身不恤。于是，纳兰开始系统地学习，并熟练地掌握了西方人的历史和知识传统。实际上，这些早期教育所唤起的他对西方的认同，他保持了终生。

然而，与此同时，在他理性的喜悦中，也常常闪耀着非理性的光辉。这就是神，是纳兰自少年时代一直深爱着，且一直借冥想触及，但理性偏又无法确证的神。所以，现在他不仅受到学习热情的鞭策，而且还受到了渴求神的驱使，他要寻找到一位真正的神的权威。在当时的加尔各答，他成了一种流动的威胁，因为他一次次地向圣者请教，而每一次相遇，他都直截了当地提问："先生，你见过神吗？"

最后，住在加尔各答北郊的一座寺庙里的室利·罗摩克利希那给了他一个极肯定的答复，①并且把大胆的提问者比作一条鱼。自此，纳兰遇到了他真正的上师，伟大的古鲁。他也在充满灵性危机和人间苦难的六年中找到了神。对于上师的循循善诱，纳兰由最初的反抗，经过持续地挣扎（主要是以理性的名义），

---

① 他们是在1881年的12月份见的面。辨喜的永恒之问"先生！你见过神吗？"得到了罗摩克利希那干脆而肯定的回答："是的，我见过神。我见到神如同我见到你在这儿，只是更加清晰一些。神是可见的。人可以与神对话。但是谁在乎神呢？人们为了他们自己的妻子、孩子、财产、房子洒下热泪，但是谁为神的景象流泪呢？如果一个人真诚地为神哭泣，他就能确定无疑地见到神。"更令他震惊并觉得迷惑的是，罗摩克利希那还把他看成是圣者的化身，他当时泪流满面，好像他们在私底下已经认识了很多年，他说道："啊！你来得这么迟。你让我等了这么久长的时间，多么的不仁慈！听着那些世俗之人的无价值的谈话，我的耳朵都快烤焦了。哦，我是多么渴望找到一个能理解我思想的人，以卸下我心灵的重负！"他合掌说："主啊！我知道你是古代圣人纳拉亚那（Narayana）的化身——诞生于地球上是为解除人类的苦难。"一开始，素以理性见称的纳兰自然将这些当作疯子的话语。但在随后五年的深度接触中，这位看似疯狂的祭司慢慢地征服了纳兰倔强的内心。——译者注

最后，他在方方面面都经验到神的临在，并亲证了他与神的永恒合一。从世俗生活的方面来看，他父亲的突然离世，使纳兰的家庭跌向了破产的边缘，为了谋生，他不得已进入了就业市场。两年后，他的灵性导师室利·罗摩克利希那也去世了，于是由他管着十几个同门的师兄弟。他们都是为了活在神圣的生命中，而放弃了各自的俗世生活。

在接下来的几年里，即从1887到1893年间，纳兰要么与他的师兄弟一起，生活在修道院中，要么他就是孤身一人，云游四方。流浪僧的经历虽让他历遍艰辛，同时也让他脱胎换骨。他凭借自己那天生的神圣者的强毅精神，强健了体魄，磨炼了意志，但他目睹印度人民自摇篮到坟墓的艰辛，也使他陷入了深深的忧伤、叹息与绝望当中，他曾长期饱受此类煎熬和痛苦。与印度社会最底层的那些穷困潦倒的劳苦大众之间的直接接触，彻底地改变了他，他身上原本还留存的精英主义，也如朝露一般地化去、消遁无踪，任何个人意义上的患得患失之情，全都消解不见。现在，他唯一的挂虑，就是想制定一个计划来帮助他的同胞，帮助大地上最不幸的人们。基于如是因缘，他最终去了美国。

似乎也是天赐良机。1893年，美国的芝加哥召开了哥伦比亚世界博览会，同时也召开了一次世界宗教议会，邀请世界各大宗教的代表共襄盛举。纳兰从此也开始被叫作"辨喜尊者"（Swami Vivekananda）。他完全是一位意外的、陌生的不速之客。他来时，一些热心的朋友和门徒，主要是来自南印度的马德拉斯（今金奈），为他配马加鞍，并为他支付了往来的旅费等。

在那一年的会议上，辨喜几席话下来，其高瞻远瞩的思想、振聋发聩的声音，使他立时声名远播。他在最短的时间内收获了如此之多的赞叹，其原因有很多：他的演讲内容殷实，说话掷地有声，仪表堂堂，年轻帅气，雄辩滔滔，为人恳挚，幽默不断，他旁征博引且充满着思辨的力量。在普罗大众的心目中，他就是一场魅力的盛宴，让人大饱眼福；而对于那些有教养的头脑来说，则是一次余波不止的精神震撼。

风云际会之间，辨喜当然也是充分意识到自己在新大陆所引发的轰动，然而他从没有忘记为印度的穷人筹集资金、试图得到西方的物质帮助之初衷。他还想把演讲所得的钱寄给他在印度的僧侣兄弟与弟子们；他们就有了能力装备自己，出入于印度的各个村落，带给那些普通的男人、女人和孩子们以基础的知识，赋予他们知识的理性，用教育，而不是用宗教，这是他提升印度人民的第一个处方。

但是，这个计划最终没能实现。辨喜既未能在美国筹到足够多的钱财，在印度所做的大量工作所得也只是杯水车薪、无济于事。对于美国人来说，最关键的事实则是，在他第一次的西行之旅约三年的时间里，辨喜完全融入了美国社会，他在精神上成了美国人，所以，从某种意义上说，他就是美国人的先知。大体上，他告诉了美国人，他们必须平衡，不能只有此，而没有彼。若是没有对自由和平等的完美实践，他们就无法经验"真我"；没有"真我"的经验与知识，他们也就不可能拥有真正的、完全的自由和平等。

　　然而，辨喜将自己的人文精神，与美国的民主理想融合在一起，原非刻意为之。而恰似化学反应一般，两者只是相契而发生的。对于他，谁都不是外人，围绕他周围的是热火朝天的，这个面貌崭新、自信满满、极其开放、充满生机与活力的社会，与他把臂相会了。他很快就喜欢上这块"北方佬的土地"（Yankee Land），并成为和北方佬一样的美国人。同时，他仍然保持着自己的精神中心。总之，他是一种新型的人，一种新的理想人物的原型——精神民主主义者。

　　辨喜的"美国化"，不可避免地会形成一个异常强劲的灵性旋风，因为他卓越的辐射力能够使所有身边的事物都精神化。说得明确一点，他认为整个现实的存在就是神圣的，它包括人类社会的特征、价值和实践。而且，非但如此，他还更进了一步，他能够立刻看到哪些"美国人"的思想、态度和实践是有助于人类整体与精神层面的福祉，哪些特质是不可或缺的，等等。这些都在他向全世界传达的信息中，得到了淋漓尽致的表达，并且与他的精神目标、所弘扬的"行动的吠檀多"的方法融为一体、密不可分。

　　吠檀多，最初体现在印度古代的圣典奥义书的哲学当中，也是印度各家各派的神学主张与宗教精神所依赖的共同基石。因为辨喜所传达的信息，其核心概念——个体灵魂（Jiva）与宇宙灵魂的同一性（即梵我一如）——就直接出自奥义书，他称自己的信息为"吠檀多"，而且，这种吠檀多是"实用的"、是"行动的"。因为，他希望所有的男人和女人都生活在这一真理的意识当中（事实上，他自己就是这样做的），他也相信，美国人已经为此准备好了。在他看来，美国人在生活中所体现出来的特殊态度和行为，意味着他们有追求"自我知识"的愿望。

美国人的活力与信心，也特别激发了辨喜的热情；这是与"自我知识"关系甚密的那种活跃力量的一部分。辨喜从美国人对精神独立的热爱当中，感受到了这股非凡的力量。他们以自己的方式来解决问题，为自己挺身而出，并自己照顾自己，迎接崭新事物，从容地面对挫折。这表明他们已经走在自我的道路上了，运用书籍当中传承下来的各种技巧，并在此过程中探索出其他许多技能。他欣赏美国人大踏步迎向未来、全心全意、精力充沛、汗流浃背的那股劲。他们不会等天上掉馅饼，也不会祈求神明来为他们自己做决定；相反，他们推崇理性、运用常识、把握时机、勇往直前，除了他们自己之外，他们相信没有人会去推着他们前进。

辨喜初次踏入芝加哥这个庞大"竞技场"，这样的勇气与进取精神就让他们深感吃惊。首先令他真正审视起这个社会的，可能还始于他注意到女性力量的存在。与那些与世隔绝的印度社会的女性不同，美国的妇女几乎无处不在，她们独立自主、无所畏惧。那座由妇女自己设计与管理的极其宽敞、琳琅满目的妇女大厦，正在向自由与平等的高天欢呼着。男人们和女人们一样，对自由的呼声都做出了极热情的回应。即使是最低微的需求，也会得到人们的尊重；没有任何法律、习俗或地位，能够阻止他们向高处攀登。

　　这些不同的特征震撼着辨喜，不停地激励着他前行。当然，他们反映的只是他们自身的特点，但在美期间，辨喜不断地在各种行动中见证着它们——可以说，在整个民族范围内，皆能看到这种强劲的行动力。因为这种关注，他有时候就像一个美国人。在印度，他说："自由是成长的首要条件。"①在奥克兰，他说："我从来没有见过一个在灵性上丝毫逊色于我的人。"②在芝加哥，他的话"完美的女性，就是完全的独立"③曾被引述。在底特律，他说："一个国家的拯救，取决于女性力量的独立。"④他又曾在旧金山说道："如果是真实的力量，就是下到了地狱，也要努力获得它！"⑤回到印度后，他一如既往，在一次演讲快要结束时，他说："所有的力量都在你的心中，你可以做任何事情，也能够做好每一件事。相信它，不要相信你的软弱；不要相信你是半疯的狂想者，就像我们现在大多数人所以为的那样。即使没有任何人的指导，你也可以做任何一件事情，能够做好它们。所有的力量都在那里。站起来，表达你内在的神圣

　　① 《斯瓦米·辨喜全集》，加尔各答不二论道院，1984—1987年，第3卷，第246页。

　　② 《斯瓦米·辨喜全集》，加尔各答不二论道院，1984—1987年，第6卷，第48页。

　　③ 《斯瓦米·辨喜全集》，加尔各答不二论道院，1984—1987年，第8卷，第198页。

　　④ 《斯瓦米·辨喜全集》，加尔各答不二论道院，1984—1987年，第3卷，第510页。

　　⑤ 《斯瓦米·辨喜全集》，加尔各答不二论道院，1984—1987年，第1卷，第479页。

性。"①

在辨喜的眼中，美国再有优势与力量，也掩盖不了他们严重的"拜金主义"，它抓住了男人，同时，又以感官层面的追求，削弱了女性的力量。诸如此类，对美国人在行为与品质上的其他污点，他都毫不犹豫地痛加斥责。

辨喜并不建议人们要有固定的宗教信仰。他希望他们信奉自己所选择的宗教（因为所有的道路，都通向同一位神），甚至不妨发明一种适合他个人的宗教。实际上，他喜欢这些多元化的道路，就像他喜欢行走在这些道路上的旅行者也是那么多样一样。从这个简单的事实出发，他谈到了神、灵魂与宇宙之间的关系。他的主题范围，包括从无形无相的绝对者，到人格化的父神、母神、神子。他说，要在我们的内心寻求神，同时把神当作外部的宇宙一样来感知，把神当作"另一个神人"来崇拜。他一再敦促，当我们深处怀疑时，要跟随我们的自心；但他也同样敦促我们，要跟随理性，探索我们通往非人格化真理的道路。的确，辨喜的教导富含各种各样的隐喻、方法、逻辑和原则。它们无一例外，在自身所处的立场、参照系统与文化背景当中，皆是有效的。然而，从根本上说，在宗教的起点与个人气质问题上，辨喜想让每个人"安住于自我"，"坚立如磐石"。他说："你是坚不可摧的。你是自我，你是宇宙的大神。"②他立场

---

① 《斯瓦米·辨喜全集》，加尔各答不二论道院，1984—1987年，第3卷，第284页。

② 《斯瓦米·辨喜全集》，加尔各答不二论道院，1984—1987年，第2卷，第236页。

鲜明，通过确证个体自我与宇宙自我的同一性——这是每个人与生俱来的、无边际的、内心深处的神圣性——一个人的所有力量都会得到增强，自我的意识也会转变。

在辨喜自身的经验中，正是神、人和宇宙的这种至高合一，使一切有关生命的规则、对自己的把握，还有神的知识等黯然失色。这种至高的统一，对人的思想与行为非但不是限制，反而是拓宽了心域；多样性越多，情形越好。因为在人类心灵的深处运作，一体性的扩展、一体性的提升，意识的合一化，使对象、事件、情感和生命本身获得了崭新的、更为丰富深刻的含义。其中，最重要的，是对这种一体性的认识，可以从根源上消除人们的恐惧。

尽管人们生活在多样化的世界里面，但是，无限的自我，与人们所念兹在兹的自由是一体不可分的，它才是纯粹快乐的源泉。正是辨喜的言行举止之中所洋溢出的这种喜悦，在他为弘扬自己导师的思想而劳碌奔走当中，也为他自己带来了各种人际的和谐。在1895年和1896年到访英国期间，他的教学灵感也来自他在美国传递出的那同样巨大的喜悦和力量。1897年，辨喜回到印度后，便向自己的印度同胞传播了同样的思想。

1899年，辨喜再次来到美国，他在西部的旧金山作了一系列的演讲，许多人认为这些话语是他最高、最严厉，也是最无懈可击的演讲。他猛烈地抨击了那些伪善、无动于衷、不自爱，还有那些迷信；同时，他也传递出圣人们极震撼的、彻底而究竟的真理。那一年他三十七岁。

1902年7月4日，辨喜返回印度一年半之后，溘然长逝。[①]即使是现在，他所留下精神遗产还没有被充分理解。但有些事情是确定无疑的。他在美国创立了两个吠檀多协会，一个在纽约，另一个在旧金山。而在印度，他离世之前也留下了一个规模不大但极其纯粹而又潜力无穷的道院，里面有许多救助与教育民众的计划。对我们每个人，乃至对全人类来说，他留下了直言不讳、坚定不移的演讲，关于我们每一个人都拥有的、普遍的、与生俱来的神圣性，以及告诉我们如何亲证这种神圣性的各种方法，极为珍贵。这是让我们活在源头的瑜伽秘义，属于稀世珍宝。

---

① 辨喜的去世至今还是一个谜团，但他是主动离开的。译者曾经读到过辨喜的师兄弟内部的一封书信，写信人与收信人，都是辨喜最重要的同门，写信者叫帕里玛南达（Swami Premananda），当时在印度的贝鲁尔主掌祭祀仪轨，与辨喜一起居住在贝鲁尔圣庙，而收信人就是当时在美国的纽约弘扬吠檀多哲学颇有影响力的阿毕达南达（Swami Abhedananda），阿毕达南达对于辨喜的圆寂甚为震惊，故去信询问实情。此信写于1902年8月20日，即在辨喜圆寂后1个多月。这封信表明，当年，辨喜，确实是主动离开人世的，而不是人们曾传言的那样，是病情严重，是身体不支云云，这封信中说道："我们至今还生活于恍惚之中，未曾从那种情境中回过神来，这种状况是自斯瓦米吉（指辨喜）离开的那一日起。那些曾经从他那里散发出来的灵性力量，那些被他以最权威的方式说出的，也曾一再促成我们向上精进的话语，那些我们常常发生的、促成我们的精神视野不断扩大的种种讨论，如今看来，似乎全都要消失了。其实那些时日，在阿育吠陀的护理与调养之下，斯瓦米吉的身体已经复原了。他去世那一天，并没有病相。他放弃他的身体，完全是在他的禅定当中，出于他的自由意志。"——译者注

第一章
我是谁

外壳

我们所看到的人，首先是由肉体构建起来的粗身，这是一层覆盖在最外围的壳；然后是精微身，是由心意（末那）、智慧（菩提）和私我（我慢）构成；在它们的背后，才是人类的真正自我。我们要知道，粗身所具有的所有品质和力量，借由心意而来，而心意，即属于精微身；再次，精微身的力量和光辉，则源自深藏其背后的灵魂。（2:216）

我们相信，每个人都是神圣的，都是神。每一个灵魂都是光芒万丈的太阳，只是有时候无明的云层覆盖了它原有的光明。于是，所谓灵魂和灵魂的差异，其实是缘于这些云层的厚

薄不同。（4:357）

我们对潜意识是无知的，对超意识也是毫无了解，我们知道的只是意识。如果一个人站起来说"我是一个罪人"，他实际上做了一个不真实的表达，因为他对自己不了解，故无法真实地表述自己。他对人的本质极为无知，对于他自己，也只知道很少很少的部分，因为他的知识仅限于他所能领会的一部分自我。（2:449）

错误往往在于，我们的灵魂是真正不朽的存在，而我们却抓住短促的躯体执意不放。（4:244）

当人们认为自己仅仅是身体，这就是天生的偶像崇拜者。我们是灵，而灵没有形式或形状，灵是无限的、是非物质的。（2:40）

有些人很害怕失去他的个体性。猪要是能够成为神，失去猪的个体性岂不是更好？是的，但是那可怜的猪当时可并不这么想。哪一种状态才是我的个体性呢？当我还是一个婴儿，趴在地板上想要吞下我的拇指时？我该为失去那种个体性而感到遗憾吗？五十年后，我会对着当下自己的个体性感到好笑，正如现在的我，看待当初婴儿时候的我的状态一样。请问，我应该保留哪一种个体性呢？（2:467）

母亲、父亲、儿女、妻子、身体、财富等，除了我们的自我，一切都会失去……至高的安定与喜乐恒在自我之中，所有的欲望，于此才得圆满。……这才是我们的灵魂，这才是我们永恒不变的个体性，唯此，才是完美的状态。（2:468）

灵魂，即宇宙自我

在这个外部的表象世界，充满着有限的事物，我们不可能直接看见和找到无限。无限，必须在无限中寻找，唯一与我们有关的无限性事物，就存在于我们的心中，即每一个人自己的灵魂。此既非身体、也非心意，甚至也非思想，更非我们所认识的周围的世界，此才是无限。这一切的目击者（The Seer），就是人的灵魂，万有都隶属于它。它是人们内在的觉醒者，是无限。我们必须到那里去寻求整个宇宙的无限之原因。只有在无限的灵魂里面，我们才能找到无限。（2:175）

灵魂，非任何物质所构，它是不可分割的整体。因而，它必定是不可毁灭的。出于同样的原因，它必定也无任何起点。所以说，灵魂既无开始，也无结束。（2:428）

世界本无善恶之分，善恶原为一个东西。同一事物善恶若是有分际，那种差别只是程度不同。同一样东西，今天我说它是令人愉悦的，然而在明天我又可能会觉得它是令人厌恶的。火能温暖我们，也能吞噬我们，这不是火的错。因而，灵魂本身是纯净的、完美的。作恶的人自我蒙蔽，他无法认清自己的本质身份。其实，即使在杀人犯身上，纯净的灵魂也是不死的。人们自己的错误是，不但不能表达纯净的灵魂，而且还层层覆盖。不要以为，一个人一旦被杀，他的灵魂也会被杀。灵魂，是永恒的。（2:168）

每一种快乐之后，伴随而来的必是痛苦，它们彼此之间的距离或远或近，却密切相关。灵魂越是趋于高级，其转换的时间越是迅疾。我们真正需要的，既不是快乐，也不是痛苦。两者皆使我们忘记自己的本质，两者皆是锁链——一是黑铁打造，一是黄金打造，立在两者之后的，即是阿特曼，我们的真实自我，既非苦也非乐。而所有的生命状态，它们总是在无常与变易之中，但灵魂的本质却是不变的欢喜、平静与安定。我们不必自外获得，因我们内在预先秉有，只要我们把诸种浮渣从生命中清除出去，自可目击它的真实存在。唯有立足于真我的立场，人们才能够对世界生出真爱来。一旦我们站在如此一种高妙的境界，我们就会看清自己的至高本性，才能带着完美的宁静品质，看清这个世界运作的全貌，它的整体框架。（7:11）

但是，正如人在镜子中看到了自己的脸，那般完美、独特、清晰，真理也是在人的灵魂当中才闪闪发光。最高的天国，就在我们自己的灵魂中；最该崇拜的神庙，正是人类的灵魂。（2:184）

整个宇宙就是"一"（One）。宇宙中只有一个自我，只有唯一的存在（One Existence）。当这唯一的存在，通过时间、空间与因果这些形式呈现，它便被赋予了不同的名字，诸如菩提、精质、粗质，各种各样的精神与物质的形式。其实，宇宙万物就是以各种形式呈现的那个"一"。当它的一小部分进入这个时间、空间和因果的网时，它就拥有了自己独自的面貌；摆脱了这些网，它就是独存的"一"。因此，在吠檀多不二论（Advaita）的哲学中，整个宇宙都是同一个自我，它被称为梵。这同一个自我，当它出现在大宇宙的背后时，就叫作神；当它出现在小宇宙的背后时，它就叫作灵魂。这小宇宙，即我们的身体。因此，这个灵魂，也就是每个人里面那个"一"，它才是我们真正的自我。（2：461）

在苦难与堕落的深渊，灵魂会发出一道光芒，人们因此就觉醒，发现自己的真实本质，他就永远不会迷失，就永远不会失去真正属于他们的东西。谁会失去他的本质？谁会失去他真正的存在呢？如果我是善良的，那必先是存在，然后再以善性来着色；如果我是邪恶的，也必先是存在，然后再以恶性来着色。那个存在是创造、是维系，也是毁灭，它是始、是终、是恒常。它从来不曾消失，它也必将永恒存在。因此，人人皆有永不朽坏的希望。无人会死，没有人会永远沉沦下去。生活云云，只不过是一个幕布巨大的戏场。然而，不管我们受到怎样的打击，受到的打击又有多严重，灵魂一直都在那里，灵魂永远不会受伤害。我们

就是那无限。（2:402）

如果我是神

如果我是神，我自然超越感官的欲望，并且永不作恶。所以，拥有道德当然不会是人的最终目的，而只是一种路径与方法，是我们借此抵达自由与解脱的一种手段。（5:282）

你，作为身体、心意或灵魂，只不过是同一个你出现在了不同的梦境里。其实，真正的你，却一直如如，一直是存在、智慧和喜乐。你是宇宙之神，是你创造整个宇宙，并把它带入其中。（1:403）

在我里面，所有的实在皆是"他"；在"他"里面，所有的实在皆是我。神与人之间的巨壑就这样消失了，在彼此之间搭起一座桥。于是，我们就可以发现，通过认识神，人们都可以在自己的内心找到天界的国度。（1:323）

但有一件事情，人们必须谨记在心："我是神"这个论断，在感官世界里是无法被确证的。（5:282）

神与我们同在，这与我们同在的神，既非可知，又非不可知，正如我们的自我。你无法了解你自己，了解你最真实的自我；你无法单独把自我拎出来，像看待一个客体一样地去审视它，因为你自己就是它。同时，你也不能把你自己从它里面分离出来。然而，它亦非真的不可知，因为还会有比你更了解你自己的吗？它确实是我们知识的中心。也正是在这个意义上，神既非不可知，也非可知，而是无限地超出此两者，因为它就是我们的真我。（2：134）

我已将自己分为神和我；我同时变成一个崇拜者与一个被崇拜者，我崇拜着我自己，为什么不呢？所有的人生之意趣，尽在此间无穷生成，此外，再无别的目的。（2：471）

你是无限的

神是真实的，而宇宙却是一个梦。若是我蒙受恩宠，此一实相一旦亲证，我就得到了彻底的自由。……我知道自己所崇拜的只是自我。故再无自然，再无幻觉，什么都影响不到我了。自然从我身上消解了，诸神、祭祀也是如此，彻底消失……众多的迷信也统统消失了，因为我认识了我自己。我就是无限，诸如某某先生、某某夫人、责任、快乐、痛苦等，也都已消失了。我就是这无限。我怎么会死亡？我怎么会出生？我怎么会有恐惧？我就是那个"唯一者"。我会害怕我自己吗？是谁在害怕呢？我就是唯一的存在者，其他的一切都不存在。我就是一切。（1：501）

你本身就是无限。你还能去哪里？太阳、月亮，以及整个宇宙，都只不过是你超然本性中的一个水滴而已。你怎么能有生或死？我从未出生，我也永不出生。我无父无母，我无敌无友。因为我就是梵——绝对的存在、智慧与喜乐。（1:403）

完美总是无限的。我们原本无限，我们正试图显现那种无限性。你、我，以及芸芸众生，都在试图显现那种无限性。（2:172）

湖泊的底部

我们无法看清湖泊的底部，因为湖面布满了无数的涟漪。只有当涟漪消散、湖面平静时，我们才有可能瞥见底部的样子。如果湖水一直被搅动，不断地泛出泥浆来，我们就无法看清湖泊的底部。反之，若是湖水清澈、波澜不兴，我们就会看到底部本来的样子。这个湖泊的底部，就是我们真实的自我。（1:202）

你是宇宙中无所不知、无所不是的存在。但是，这样的存在（Being）可以有很多吗？能够有千千万万无所不在的存在吗？当然不能。不然我们大家都变成什么了？你是独一的；宇宙中只有这样一个"自我"，那个"唯一的自我"就是你。你就是存在。（2:235）

虽然我们会崇拜某一位神，然而事实上，这是从我们内在分离出来的那个唯一的自我，它成为我们外在的崇拜；但是，这始终都是我们自己的真我，它即唯一的、独存的神。（8：30）

自我，即阿特曼，其本性是纯粹的。同样，这宇宙的"唯一的存在者"把自己投射到万有，从最简单、最低等的蠕虫，到最高级、最完美的生命，无不反映着它自身。整个宇宙就是一个统一体，一个物质上、心理上、道德上和精神上的存在。我们正在以不同的角度，看待这唯一的存在，并在它上面创造出所有这些形象。（2：249）

想象一下：自我是骑手，身体是战车，智力成为车夫，心意是缰绳，感官是战马。如果将缰绳牢牢掌握在车夫的手中，把马驯得服服帖帖，就达到了全能的自我的目的地。反之，如果车夫未曾调伏马，也未曾熟悉缰绳，而是信马（感官）由缰（心意），那就会走向毁灭。这个阿特曼，虽在众生之中，却并不把自己显明给众生的眼睛，或其他感官，但是，那些已经将自己的心意净化，而趋入无垢纯然之境的人，则能够认识到它。（2：169—170）

塑造自己的命运

如果那是真实的话，我们就应在这短暂的人生，创造自己的命运；如果那是真实的话，那么我们现在所看到的一切，冥冥之中便有一个过去的原因。是的，如果这些都成立的话，那么我们的现在，就是我们整个过去之因导致的结果，这也一定是成立的。因此，决定我们命运的，唯有我们自己，任何他者都替代不了。（2:242）

知识只能以一种方式获得，那就是以经验的方式。除此之外，没有其他的途径可以获取。如果我们在这个生命中不曾经验过，那么我们必是在其他的生命中经验，如此而已。（2:220）

你、我，以及在场的任何人，既非从虚空中来，也不会回到虚空中去。我们一直是永恒的存在，并且将继续永远存在，在太阳之下或太阳之上，没有什么权能可以摧毁你我的存在，或者将我们遣回到虚空之中。现今，这种灵魂的轮回思想，非但不是一种耸人听闻的观念，反而对人类一族的道德福祉之建立至关重要。（2:217）

除了那种轮回的理论之外，再无其他的理论，能够解释人与人之间在他们各自获得知识的能力上，存在如此巨大的差距。（2:219）

正如燧石之中藏匿着火焰，需要凭借外在的摩擦才能点燃一样，人心之中亦隐藏着知识，也需要凭借外在的契机或者启示才能让它发出光亮。我们所有的情感和活动也是如此。我们的泪水与微笑、我们的快乐与悲伤、我们的哭泣与欢呼、我们的诅咒与祝福、我们的赞美与谴责，等等，只要我们冷静地分析就会发现，他们都是在种种外力的击打之下，从我们的内心里面涌现出来的。其结果，便造就了今日的我们。所有这些击打可统称为业（Karma）。（1:28—29）

所有向外的探寻都是徒劳的，直到我们开始觉察到知识就在我们的内心，没有人能够帮助我们，我们必须自己帮助自己。（1:258）

那么，当肉身死亡之际，究竟是什么在引导着灵魂的方向呢？是一个人所做的一切活动的总和，所思的一切思想的总和，是它们在引导着灵魂的去路。（2:223）

基础

所有道德准则的座右铭是什么？那就是："不是我，而是你！"这里的"我"，就是其背后那个无限者的产物，它试图向外界表达自己。这个小小的"我"是有限的结果，故它将不得不退回到无限，即融入它自己的本性当中去。故每一次当你说"不是我，我的兄弟，而是你"时，你正努力地往自己的源头返回。反之，每当你在说"我"而不是"你"时，你就是在迈出错误的步伐，试图借感官世界来表现无限，这将会给整个世界带来争斗与罪恶。但是，过了一些时候，小我的弃绝必然会来到，永恒地弃绝之。这个小我于是死去，并彻底地消失。（2：173）

相对的知识是有意义的，因为它导向了绝对的知识；但是，非但感官的知识不真实，头脑的知识也不真实，甚至，连吠陀的知识也都不真实，因为它们都是在相对的知识领域里面。首先，必须驱除"我是这个身体"的大幻觉，然后，才有可能获得真正的知识。因此，说到底，人类的知识也只是一种较为高级的粗糙知识而已。（7：33）

每一个灵魂都具有潜在的神性。而我们的目标，就是通过对外部与内部的自然习性之控制，来表达内在的神性。体证神性可以借由行动、崇拜、调御或哲学等四种方式中的一种或两种，甚至全部方式来实现，最终抵达解脱的境界。这是所有宗教的要旨。而余者诸如教义、教条、仪轨、典籍、庙宇等各种形式，只不过是一些次要的细枝末节而已。（1：257）

滴水同辉

吠檀多的真髓，即是表达存在的唯一性。故此，每一个灵魂都是完整的，而不是存在的一部分。太阳的所有光辉，都反映在每一滴露珠上面。（8：6）

吠檀多的理想是：一切的智慧、一切的纯洁于灵魂中本自俱足，只是于表达上或隐晦或清晰。人与人之间的区别、天地万物之间的一切差异，皆不在种类，而在于程度。每一个人的背景，即人的实在都是一样的永恒，是永远神圣、永远纯粹、永远完美的"一"。它是阿特曼、是灵魂，阿特曼在圣者与罪人那里，在幸福与悲惨中，在美丽与丑陋中，在人与动物中，都是一样的。它是光辉灿烂的那个"一"。而所有的差异，是由表达能力引起的，在某些情况下表达得圆满一些，而在另一些情况下则表达得不够好，不过这种表达上的差异、现象上的差异，对于阿特曼却毫无影响。（2:168）

作为已经显现出来的存在，我们似乎与那个"一"是分离的，但我们的实在是一体的。故越不认为我们自己与那个"一"、与那个整体分离，对我们就越好；而越认为我们自己是与那个整体分离的，我们就会越痛苦。由这种一元论的原则出发，我们才能触及伦理学的第一因，我认为，我们不可能从任何其他的地方为人类的道德现象找到这样根本性的基础。（2:334）

在人类所有的无知背后、所有的无明背后，深藏着如此不朽、如此纯粹、如此完美的精神。那种认为我们只是小小的心智、小小的身体的想法，才是一切自私的根源。因为，一旦你认为自己是一个小小的身体，你就会不惜以牺牲其他身体为代价，来拼命维系它、保护它，使它处于更好的生命状态。这种分离的想法一旦出现，就等于打开了所有恶的大门，从而导致了一切的痛苦。（2：82—84）

就本质而论，万物的基础，众生的根本，都是那同一个"一"，故彼此之间，终究是平等的。（6：128）

第二章
人之境遇

善与恶的力量

如果这是真实的，即你于行善之际，又难免于行恶，你在创造幸福的时候，也一定在生成痛苦，那么人们就会问你："做善事又有什么意义呢？"我的回答是，首先，我们必须努力减少痛苦，因为这是使我们幸福的唯一途径。我们每个人迟早都会在自己的生命中发现这一点，唯智者早发现，愚人晚发现。为此，愚人付出了沉重的代价，而智者的代价会小很多。其次，我们必须尽自己的责任，尽己所能去行善，因为这是摆脱这种矛盾生活的唯一途径。善与恶的力量将为我们维持住宇宙的生命力，直至我们从梦中醒来，放弃这个由尘土构建起来的世界。我们必须吸取其中的教训，而这需要我们花很长很长

的时间才能真正学会。（2:98—99）

世上的恶皆由我们自己而来，与他者无涉。是我们自己制造了这所有的邪恶。正如我们经常看到恶行造成痛苦一样，我们将会明白，世界上现存的许多痛苦，也是由人过去的行为所致。因此，人应该自负其责。（2:242）

我们永远不可能真正摆脱这种一体共存的感受：快乐与不快乐。那些给我们带来痛苦的东西，在另外一些时候也曾给我们带来快乐。世界具有它自己的两重性，我们无法摆脱它们，因为每一次生命的脉动，它们都一齐在场、一齐出现。世人皆忙于调和这些对立，而先知们却知道其中的秘密，便寻觅穿越这一矛盾体的自由之道。（6:145）

我们会发现，越是反对基于道德勇气的正义行为，越会激励启蒙者的道德力量。没有阻挠，没有这种反对，反而会使人走上道德消亡的绝路。奋斗，正是生命的标志。（7:219）

我们能否给世界带来一种永久的幸福？海洋不可能在此处掀起波峰而不在彼处造成波谷。世界上美好事物的总和是一样的，它自始至终关系到人的需求和欲望。它不能增多，也无法减少。（1:111）

民族的福祉

所有的成长、进步、幸福，或堕落，无疑都是相对的，它们对照的只是某一类标准而已。但每一个试图被他人理解的人，为自身的完美，还不得不参照这些相对性的标准。然而，我们在各个民族之间，又会很清楚地看到这样的文化现象：一个民族所认为道德的东西，往往被另一个民族所否定。（8：55）

每个古老民族的神话学家，都为我们提供了一些关于英雄的传奇，他们的生命集中在民族实体的某一些特定的部位，成为中心，直到它们可以坚不可摧，无人可以撼动。似乎每一个民族都有这样一种独特的生命中心，只要这种中心未受影响，任何的苦难与不幸都无法真正摧毁它。（4：324）

每一个民族都是独特的，无论是在物质上，还是在精神上。他们不断地从外来文化中获得灵感，最终也是要遵循自家的特色，把它们消化并纳入自己的文明体系当中。故任何一种外来资源的教育，都要与各自民族的理想相适应、相协调。这些教育的资源必须被民族化，此即是说，要与其民族类型的各种表现形式相一致。（8：523—524）

存在一个共同的平台，共同的理解基础，那就是一种完美的人性，它是我们一切社会行动的根本。我们应该能够找到那种圆满而完美的人性，然这种人性只是在某些方面发挥作用，或在此，或在彼。没有一个人可以将事情做到尽善尽美。你有你的一个角色要扮演，我也以我的微末方式去扮演一个角色。此处有一个人在负责，彼处可以由另一个人去承担。而完美云云，就是这所有的小小部分的宏大集合。不仅个人如此，民族也是一样。每一个民族都有一个角色需要扮演，都有民族的人性一面需要得到发展。我们必须把所有这些角色全都结合在一起，一起来合作，在不久的将来，在所有这些不同种族所达到的那种不可思议的完美状态中，各民族济济一堂，从而形成一个世上前所未有、未曾梦想过的新人类、新民族。（8：56—57）

在每一个国家，它的男人或女人都代表着一种他们有意无意实现的理想。个体是理想实现的外在表现。这些个体的集合就是国家，国家也就代表着一个伟大的理想，人们就此而朝着这个理想前行着。因此，理应这样，了解一个国家，你首先必须了解它的理想，因为每个国家都有其独特的标准，他们拒绝以任何其他的标准来评判它。（8：55）

我完全相信，任何个人、民族都不能脱离他者而存在。凡是在所谓伟大的、政治的或神圣的等错误观念指引下做出的尝试，其结果对于孤立的人来说，总是灾难性的。（4：365）

一个国家可以征服各种惊涛骇浪，控制各种复杂的局面，将社会生活中的利益与效用发挥得淋漓尽致，但却未必意识到更应该强调个人身上的努力，因为最高的文明形态，其实是在已征服自我的那些人身上得以体现的。（4:200）

古往今来，真理从不屈从于任何一种社会性组织。反之，一切组织都必须尊重真理，否则它就会消亡。社会性组织必须以真理作为基础，而真理却不会为适应这些社会性组织而调整自己。（2:84）

必须牢记在心的是，宗教，它只做与灵魂有关的事情，而与社会诸事务、与政治诸权利无关。与此同时，也必须牢牢记住的是，这一点同样也适用于那些借着宗教已经得逞的社会闹剧。这就好像一个人攫取了他人的财富之后，当他人设法要求索回时，他就哭鼻子——并宣扬人权神圣不可侵犯！（4:358—359）

宗教不该干预或制定社会性的法则，它没有必要坚持人与人之间的差异。因为，宗教的最终目的，正好是要抹去所有这些人为的建构与异化。（4:358）

人类历史的进程

不平等，是人性的祸根，是对人类的诅咒，是一切苦难的根源。不平等是所有束缚与不自由的总源头，包括身体的、心理的

和精神的，等等。（4:329）

不要费心于所谓的改革，因为没有精神的改变在先，就不可能有真正意义上的社会性改革。（5:74）

社会生活的困难，在于一个天生比他人更聪明、更有知识的人，是否因具有此种智力的优势，而剥夺了那些没有这种优势的人的生活享受。我们的斗争任务，就是摧毁这一特权。（1：435）

痛苦与快乐的再分配，要比由同样一些人一直在担负同样的痛苦与快乐要好。世界上事物好坏的总和始终不变。这些苦乐的厄，只是通过新的社会系统的出现，由一个肩膀转移到另外一个肩膀，仅此而已。（6:382）

所谓"自由"，并不意味着你我在获取社会财富的道路上毫无障碍，而只是意味着此种自然性的权利，即允许我们按照自己的意愿，在不伤害他人，或社会所有成员的情况下，运用我们的体力、脑力或财力，应该有获得财富、教育或知识的同等机会。（5:146）

我们不应该把自己当作人类的监护者，也不应该站在圣人的位置去改造罪人。我们不如让自己先净化自己，我们先做到了这

一点，然后我们才能真正帮助到他人。（8:20）

当一个人明白了自己与宇宙是一体性的无限存在，当所有的分离感都彻底消弭，当所有的男人和女人、所有的神明和天使、所有的动物和植物，整个宇宙都融为一体之时，一切的恐惧都会烟消云散。（2:251—252）

自由主义之所以会消亡，是因为它不能唤醒人心中的狂热，是因为它不能产生对自身以外的任何事物的憎恨。这就是自由主义必然会逐步衰落的原因。它能够影响少数人。原因不难理解：自由主义试图让我们无私，但我们不希望无私。我们在无私里看不见当下的收获，我们却因自私而获得更多。我们若是一贫如洗时，便会接受自由主义。一旦获得了金钱和权力，我们就会变得非常保守。一个穷人通常会是民主主义者。而当他变成富人，他就成了一个贵族政治论者。在宗教领域里，人类的秉性也会以同样的方式运作。（8:123—124）

"宽容"一词，难免会让那些自负的人感到不快，他们习惯于高高在上，带着怜悯之情却瞧不起他们的同伴。这是一种可怕的精神状态。我们都是生命的同行者，朝着同一个目标行进，但是，为了适应不同的心灵需要而选择了不同的道路。我们必须成为一个心量广大的人，事实上我们确实需要一种更灵活、更柔软的个性，不仅仅是为了宽容，而且是为了完成更艰难的工作，能够同情共感，能够进入他人的生命道路，以他们的感受方式来感受世界，以他们的追求方式来追求神明。仅仅宽容是不够的。
（6:137—138）

当一壶水烧开时，如果你仔细观察，就会发现这一现象：先是一个小水泡冒出来，然后是另一个水泡冒出来，接着是水泡越来越多，一个接一个，直到整壶水都沸腾了，发出很大的喧闹之声。这个世界与此何其相似。每一个人也都像是一个水泡，这个国家则由众多的水泡组成。我相信，当彼此之间的孤立消失，人类成为一体的时候必将到来。只要我们每一个人在科学的世界和精神的世界中都非常务实、努力地劳作，那种一体性，即那种最伟大的和谐精神的统一终将充满整个宇宙，我确信这一时刻必定会到来。全人类将会成为真正的有身解脱者（jiva-muktas）——是解脱的，同时也是活着的生命状态。我们的爱与合作，我们的嫉妒与仇恨，其实皆为趋往这一目标所进行的奋斗。一股巨大的川流始终都在带着我们奔向那无尽的大洋，虽然我们看起来或许像稻草、像纸屑一样漫无目的地漂荡，但是，从更长的时段来看，我们终究会加入那浩大的生命与喜乐的海洋。（2:187—188）

笃行自强

我们需要做到三件事：用心感受、用脑思考、用手行动。首

先，我们必须走入这个世界，让自己成为一个有本事的人，一个
有大能力的人。你首先需要的是对这个世界具有感受的能力。当
所有的人都准备好行动的时候，有感受力、有同情心的人在哪里
呢？……世界在考验着你的爱与谦卑。然而，人们却经常产生嫉
妒心，心中既不谦卑也无爱。嫉妒是一种很可怕、很可恶的罪，
它如此神秘地进到了人的内心。诸位不妨自问，一旦陷入怨恨或
嫉妒中，你们的心灵将作何反应？世界上涌现出了太多的仇恨和
愤怒，人类的善行却不断地遭到破坏。如果你真是纯洁的，如果
你真是坚强而有力量的，那么，你即使孤身一人，也等于整个世
界。（6：144—145）

在这个地狱般的世界里，若有人能将一点点的欢乐、一点点
的安宁，哪怕只有一天将它们送进另外一个人的内心，这才是最
真实的。这是我这一辈子历经各种磨难才学到的，相比之下，其
余的一切都只是空谈而已。（5：177）

总有那么一天，人们将用别的智慧、从别的角度来研究历
史，会发现社会的斗争既不是原因，也不是结果，而只不过是前
进路上的一个过程。（5：278）

结婚生子的家居者，其生命与那些献身于宗教事业的独身者
一样伟大。大街上的清道夫，其伟大与荣耀绝不亚于有王位的国
王。若将国王拉下王位，让他去做清道夫的工作，看看他如何应

对；或者让清道夫坐上王位，看他如何治理国家事务。隐居世外者比世上生活者更加伟大，这种说法毫无意义，因为生活在此世还要去崇拜神，比起放弃此世去过一种逍遥自在的生活，更为困难。（1∶42）

需要极耐心地来打磨我们的性格，为实现真理而奋斗，只有这样，才会看到人类的未来。（8∶335）

我们的原则应该是爱，而不是怜悯。在我看来，"怜悯"一词，即使是用在个体灵魂那里，似乎也过于轻率与鲁莽。对我们来说，不是去怜悯，而是去服务。我们要的不是怜悯之心，而是爱，是在众人那里感受到真我。（5∶133）

完全的真诚、圣洁的品格、超凡的领悟力，还有坚不可摧的意志，在这个世界上，只要有少数人具备这些品格，由他们来采取行动，整个世界就会发生革命性的变化。（8∶335）

第三章
自由的强烈渴望

自由

圣人在各地漫游、到处寻觅的东西，其实就在我们的心中。吠檀多告诉我们，你听到的声音是对的，但你寻找的方向却是错的。你感受到的那种自由的理想没有错，但是你却把它投射到了外面，那就是你的问题了。让它靠近，越来越近，直至你发现它原来一直存在于你的心中，它就是你自己最内在的自我。自由原是你的本性，而这个摩耶从来没有真正束缚住它。（2:128）

上古的先民们知道，在燧石与木柴当中藏匿着火种，但必须经过外力的摩擦才能引燃它。自由和纯粹的火是每一个灵魂的本质，它不是一种品格，因为品格可以获得，也可以失去。灵魂却与自由的喜乐同在、与存在同在、与知识同在，这存在—知识—喜乐（Sat-Cit-Ānanda）就是本质，是每一个灵魂与生俱来的天性。我们所看到的所有现象，都是它的不同表达，时而隐晦、时而鲜明，但都是在表达它自己。（2：193—194）

神是不证自明的、非人格的，也是无所不知的，它是宇宙的全知者和主宰者，是万物之主。不论我们知道与否，其实它是我们一切崇拜与祭祀的基础，它凭自己的意志行事。更进一步讲，所有的人间奇事，包括我们所谓的邪恶，也是神的祭物。这些都是自由的一部分。非但如此，我告诉你更令人惊讶的，则是当人们行恶之际，其背后亦出自同一种自由的冲动。也许，这种自由的冲动会被人误导、误用，但始终在那里；除非有自由的基础，否则就没有任何生命、任何冲动。是自由在宇宙的脉动中呼吸着。（1：337—338）

在我们的身上，存在着自由与永恒的事物……但它既不是我们的肉身，也不是我们的心灵。身体分分秒秒都在衰去，心则时时刻刻皆在起落变化。身体只是一个组合，心灵也是诸缘的一种暂时聚合，因此，它们永远也无法抵达超越变化的境界。能够超越这短促无常之物质性的粗身鞘，甚至超越这精微的心意鞘的，是阿特曼，它是人的真正自我，它如如不动、永远自由。正是它的自由，渗透到各个层次的思想与物质当中，而且，尽管染上了各种各样的名相，但它永远都是无拘无束地存在着。它不死、喜乐、和平、神圣，尽管无明深锁，这些特质却使得它于重重叠叠的围困中熠熠发光，并照亮它自己。它就是实在者，它无所畏惧，它没有出生、也永不死去，它就是自由本身。（4：256）

灵魂永远都在呼唤："自由，哦，自由！"人类则以"神"这一概念，来代表一个完全而彻底自由的存在。人不可能永远停留在此种束缚当中。他必须站得更高，所有的斗争除非是为了获得这种自由，否则必会痛苦。人们常常对着自己说："我虽生而为奴，被捆绑了；然而，必有一种存在是不受自然律的束缚的，他永远自由，他就是自然的主人。"因此，神的概念与束缚的观念，都是心灵的本质与基础性的一部分。两者都是自由的产物。如果没有自由，就不可能有人生，甚至也没有万物。（1：335—336）

自由是成长的唯一条件；若是没有了自由，其结果就是堕落。（5：23）

自由，还必须与最高的仁爱结合起来，因为只有这样，它们两者才不会成为你行过人世的障碍。（7：86）

我们都在奔向自由，我们追随这自由的声音，不管我们是否知道这一点，一如村庄里面的孩子，被一名长笛手的优美音乐所吸引，我们也是这样，在不知觉中追随着自由的音乐之声。

我们追随这样的声音是合乎情理的。不仅是人类的灵魂，而且所有从最低等到最高等的生命都听到了这个声音，并都朝着它奔去；在斗争中，或是结队，或是互相推搡。于是就产生了喜乐、奋发、欢愉、竞争、生与死。整个宇宙不是别的，都是为了追求这种声音而拼命奋斗的结果，而这些正是自然与世相的表达。

那么究竟会发生什么呢？场景开始转换，一旦你听懂了这个声音，并且明白了它的真义是什么，整个场景就会发生变化。同一个世界，曾经可畏惧的摩耶之战场，现在变成最美好的地方。我们不再诅咒自然，也不说世界是可怕的事物了，那些原是徒劳的、是毫无意义的。我们不需要偷偷饮泣，也不再放声哀哭了。一旦我们理解了这个声音，我们就会明白为什么这场战争必须发生在这里了；我们就会明白，这场战斗、这场竞争、这种困境、这种残酷、这所有小小的快乐与欢喜，皆是事物本性的表现，因为没有它们，我们就不能够追随自由的声音，抵达我们天命中那注定的境界。因此，所有人类的生命，所有的自然，都在为着这种自由而奋斗、生长。（2:126—127）

最高的善，即是最高的自由。（6:100）

唯一的目标

如果一种行动，将我们从物质的束缚中解救出来，它就是"道德"的，反之，我们就说它是"非道德"的。这个世界可以无边无尽地呈现出来，因为一切都在轮回当中。它们从哪里来，也必将回到哪里去。贞下起元，周而复始，轮回未济，安住无地。所以，我们必须从此种状态中走出，而解脱（Mukti）就是唯一的目的。（7:102）

什么事物最值得我们拥有？解脱、自由！我们的圣典有言，即便是身处最高的天堂，你也只是一个奴隶；即便你是两万岁的国王，那又有什么意义？只要你还关注身体，那你就免不了是享乐的奴隶；只要时间对你还起着作用，空间也对你起着作用，你就是一个奴隶。因此，这意味着人必须从这些外在与内在的自然性中解脱出来。自然性必须落在你的脚下，你必须踩过去，并凭借对它们的超越去赢得最高的自由与荣耀。不再有生，因而也不再有死亡；不再有快乐，因而也不再有痛苦。此中喜乐不可言说、不可摧毁，它超越了一切。我们所谓的那些快乐和美好，其实只是此种永恒喜乐的微粒罢了。而这永恒的喜乐，才是我们真正的目标。（3:127—128）

其实，在完美的专注当中，灵魂即从粗身的束缚中解脱出来，并认识到自己的本来面目。（4:226）

欲望、无知、不平等——这是"三位一体"的束缚。（8:344）

同样是人的灵魂，也可以寄居在或低级或高级的不同躯体里面，受到潜在业力（Saṃskāra）的推动，它们从一个躯体迁移到另一个躯体。但是，只有在人的最高形式中，灵魂才有望臻入自由的境界。（2:258）

其实，人的每一个行动都是一次崇拜、一次献祭，因为人的心思就在于要获取自由，故所有的行为，不管是直接的，还是间接的，都是为了趋近那种自由。那些阻挡了自由的行动，是我们需要避免的。整个宇宙都在自觉或不自觉地崇拜着自由，也在完成对自由的朝觐，甚至诅咒，人们往往不知道，这也是以另一种扭曲的形式在崇拜着同一位神灵，因为那些诅咒者们也在为着自由而斗争、发奋。（5:291）

从生到死的这个旅程，在梵语中被称为"轮回"（Saṃsāra），字面意思就是"生死循环"或者"生命的流转"。芸芸众生，经过这种生死的无穷流转，迟早都会抵入那种自由的境界。（2:259）

普遍的呼声

我们之所以想要了解、想要学习各种知识，就是为了获得自由。这就是我们的真实人生：一种遍在的呼声，皆是为了自由。（4:240）

我们一旦获得了自由，就无须发狂地抛家别业，奔到森林或山洞里去冥想终老；我们只需待在原来的地方，唯此我们才能理解整件事情的来龙去脉。同样的现象也仍将继续，但却拥有了一种全新的意义。彼时我们还不了解这个世界，只有拥有自由，我们才能看清世界的真实面容，参透它的本性。我们会看到，那些所谓的法则、命运或定数，只占据了我们本性中很小很小的一部分，根本不足为道，这只是一方面。而另一个方面，自由则始终存在。因为我们不明就里，这就是为什么我们一如被猎杀的野兔般，总是把脸藏在地里，企图借此拯救自己。我们于颠倒的幻境中，忘记了自己的本性，但我们不可能完全忘记自己的本性，我们的本性总是在呼喊、在唤醒我们，所有对神、对诸神，甚至对各种外在自由的追求，都是我们对真实本性的寻找，而我们却常常误会了它的声音。（2:325）

大自然借着它的每一粒原子只为一件事情而呐喊，那就是为了最圆满的自由。（4:241）

你可以一直祈祷，阅读世上所有的圣典经文，并且敬拜诸神……但是，除非你亲证到灵魂，否则不可能得自由。（4:245）

宇宙本身不可能成为我们满足的极限。这就是为什么守财奴会聚敛越来越多的财富、强盗会不断抢劫、罪犯会不断犯罪的原因，这也是你不断学习哲学、学习各种知识的原因。这一切只有一个目的，那就是为了抵达真正的自由之境。自觉地，或不自觉地，我们都在追求这种自由的完美。每一种生命都必定得到它。（1:340）

我们说，我们要追求的是自由，其实，自由就是神。在万事万物里面，贯穿其中的是同样一种喜乐。但是，当人们在有限性的事物中去寻觅它时，只能得到它的一星火花。小偷偷东西时，其得到的喜乐，与人们从神那里找到的喜乐是一样的。但小偷只得着了些许喜乐的火花，并伴随着巨大的痛苦。而真正的喜乐就是神，爱是神，自由是神。而一切受束缚的，都不可能是神。（5:288）

挣脱束缚

唤醒受束缚的灵魂，并努力站起来确证自我，这就是所谓的人生。在这场确证自我的人生奋斗当中胜出，这就是所谓的进化。当所有的奴役被狂风吹散，人们获得了最后的胜利，这就是所谓的救赎、涅槃与自由。宇宙中的一切都在为自由而战。当我们受缚于本能，受缚于名相，受缚于时间、空间和因果关系时，我们就无法确证自我的真相。但是，即便在这种束缚之下，我们真正的自我也从没彻底迷失过。我们挣脱束缚，与束缚作殊死搏斗，把它们一个个地击破，我们会逐渐意识到自我天性之尊贵与伟大，最后，得到完全的自由。我们获得了最清晰与最完整的自我意识——我知道我是无限的灵、是自然的主宰，而不是它的奴隶。超越了所有的差异与组合，超越时间、空间与因果，我是自由永有的。（8:249）

所谓自由的境界，就是我们要实现的目标。我历来不同意自由服从于自然的观点，我不明白那究竟是什么意思。从人类进步的历史来看，正是对自然的不屈服，才构成了这一进步。（8:257）

生命，就是对自由的伟大确证；死亡，就是对法则的过度依从。（8:258）

让自己向着自由迈进——无论是身体上、精神上，还是灵性上——同时，也帮助他人迈向这样的自由，此乃人类无上的荣耀。阻碍这种自由展开的社会规则是有害的，应当迅速采取措施摧毁它们。且应当鼓励这样一些机构——它们使人们于自由的路上昂首阔步。（5:147）

吠檀多哲学告诉我们，无限，是我们真正的本性；这一禀赋从来不会消失，它永远如是。但是，我们正被自己的业力所束缚，这就好像绕了一条锁链在脖子上，我们被拽入这个有限性当中。打断锁链，即获自由。把法则踩于脚下，在人性中没有被规定，没有定数、没有宿命。就无限而言，何来法则的规定？自由就是它天生的标志。自由是禀赋，是人与生俱来的权利。首先，必须获得自由，其次你可以喜欢各种各样的个性，然后，你就可以像演员一样来到人世的舞台，去扮演乞丐的角色。好，这里我们不妨把这样的乞丐，与大街上流浪行乞的真乞丐做一下对比：两种情况，其场景可能是一样的，台词也差不多，但是其实际情形却大相径庭！前者在享受他的乞丐状态，后者却因此而遭受痛苦。那么，究竟是什么造成了这种天渊之别？原因在于，一个是自由的，一个是受束缚的。演员知道他的乞丐身份不是真的，只是暂时假装扮演而已；而真正的乞丐太熟悉这种状态，或者说认同了这种状态，以至于不管他愿意或者不愿意他都得忍受。这就是所谓的法则。只要我们尚不了解自己的真实本性，我们就像乞丐，被自然界的各种力量、各样法则支配着，推过来挤过去，成了自然的奴隶。于是，我们满世界呼喊求助，却从未得到过真正意义上的帮助；我们也向自己想象中的神求助，但他却从未到来。但是，我们仍然希望会有帮助者出现，于是，我们哭泣，我们等待，我们盼望，就这样，毕生蹉跎而过。同样的一幕又一幕继续重演着……（2：323—324）

为自由而战

我们发现，为自由而奋斗的表现意味着人们不再自轻，摆脱了视自己为渺小的身躯之观念。（1：109）

　　如果我们将一块燃烧的炭火放在一个人的头上，就会看到他是如何奋力扔掉它的。同样道理，一个真正明白了他仅是自然法则之奴隶的人，也必将如此发奋地为自由而战。（1：411）

　　人们必须接受教育。这些天来，他们谈民主，谈人人平等。但是，人们怎么知道自己与所有人是平等的呢？他必须有一个强大的头脑，清晰的思路，没有荒谬的想法；他必须突破大量迷信思想的包围，深入自己的内在自我找到最纯粹的真理。然后他就会明白，所有的完美、所有的力量，本来就在自己的里面，这些是他人所无法给予的。一旦意识到这一点，他就自由了，就实现了与他人的平等。同时他也意识到，其他人与他一样完美，他不必在身体上、精神或道德上对他的弟兄们行使任何的权力了。而且，一个人只有放弃任何凌驾于他人之上的想法，他才可以谈论平等。（8：94）

　　如果你认为你被束缚，那么你就会被束缚，是你让自己被束缚住了。如果你认为你是自由的，那么你即刻就是自由的。这是知识，是关于自由的知识。自由，是世间万物向往的目标。（2：462）

　　只要有欲望和需求，就是不完美发出的信号。一个完美而自由的人，他不可能有任何的欲望。（2：261）

　　贝拿勒斯的那些猴子是巨大的，有时还暴躁乖戾。它们不让我穿过它们的道路，所以，当我要经过的时候，它们又是嗥叫、又是尖叫，还企图抓我的脚。当它们逼近时，我就开始跑。但是我跑得越快，猴子们也就追得越紧。它们开始面目狰狞地准备咬向我，看来我已无法逃脱。就在这千钧一发之际，一位坐在树下的托钵僧人看到了，就冲着我喊道："转过身来，面对这些畜生！"于是，我就回过身来，盯着这些猴子，它们吓了一跳，最后全部走光了。这件事告诉我们：面对困难与恐惧，要勇敢、要大胆。当我们不再逃跑的时候，生活的艰辛就会退却。如果我们想要获得自由，就必须要去战斗，而绝不能逃避。懦夫永远不会赢得胜利，如果我们希望困难彻底消失，我们就必须勇敢迎战。（1∶338—339）

　　当我认识到神居住在每个人身体的庙宇里面的那一刻，当我恭立在每个人面前，并看见神在他们里面的那一刻，我摆脱了束缚，一切的束缚都烟消云散，而我自由了！（2∶321）

　　只要我们愿意相信，只要有足够的信心，我们就永远是自由的。你是自由而不朽的灵魂，永远自由、永远喜乐。一旦你的信心足够，就在此刻，你即得解脱。（6∶93）

　　我们唯一值得耗费心力的，就是去认识最高的真理。我们的目标至尊无上。诸如彻底的亲证此类豪言，既然已出，那就让我们来掂量掂量这些话吧。让我们站在精神的领地，以精神崇拜精神。起初是精神，中间是精神，最终也是精神，任何地方都不再有世界，任世界消解，融入虚空——谁在乎它呢？你要安住于此精神之中，这就是目标。我们知道自己尚未抵达此种境界，没关系，不要绝望，也不要丧气颓唐、失去理想。最关键的问题是：你对身体的认同究竟少了多少，把自己视为死气的、粗钝的、麻木不仁的身体之观念究竟少了多少；而与此同时，你对自己是发光的、不朽的生命的看法又多了多少。你越是把自己视为光辉不朽的灵，你就越会渴望从物质界、从身体与感官的束缚当中摆脱出来。这就是对自由的强烈渴望。（8:120）

第四章
没有谁是一座孤岛

光辉的思想

"人是神圣的",即"神圣性是我们的本质"这一伟大观念,虽然它是通过各个国家和各种宗教的众多迷信产生的,但它对我来说,显然是一个光辉的思想,清晰无比。(2:193)

当你从外面观察到那不变的存在时,你称之为神;当你从里面观察到那同样不变的存在时,你称之为自我。它们原本就是一个。神与你并不分离,神也没有高过你、高过你的真我。就此而论,诸神对你来说是微末的,所有的天神与天父的概念,都只是你自己的投射而已。神本身就是你创造出来的形象。(3:24)

有一种思想，它在印度的所有体系中看起来很普遍，而我认为，这一思想在世界的各个文明体系中也非常普遍，不管人们是否意识到这一点，那就是我所说的"人的神圣性"。世界上没有一种思想体系，不认为人的灵魂本质上是纯粹的、完美的。不管它是什么，不管它与神基于何种关系，不管它是用神话、用寓言，还是用哲学的语言来表达。它的真正本质是喜乐、是力量，而不是软弱与痛苦。然而，出于不可思议的缘故，最后，软弱和痛苦等不幸还是出现了。（2:193）

我们听讲座、读书、论辩，用理性来追问神、追问宗教与救赎等，这些都不是灵性，因为灵性不会躺在书本、理论或哲学体系里面。它不在学习或推理中，而在实际的内在成长中。即使鹦鹉也可以用心去学习，并重复它们、记住它们。如果你也是这样学习的，那又能怎么样呢？一头笨驴还可以携带着整个图书馆呢！所以一旦明白了真正的光是存在的，你就未必需要从书本上学习了，甚至无须书本，照样学习。一位连自己的名字都写不全的人，也可以具有完美的灵性；而世上那些学富五车的人却不一定能够做到。知识不是灵性成长的必要条件；对灵性而言，学问并不是必需的。（8:114）

瑜伽修行者曾说，人可以超越自己的感性和理性。在人类的天赋里，拥有超越心智的力量，这一力量，还存在于每一个生命那里。通过瑜伽的练习，这种力量被唤醒，而后这个人就突破了

通常的理性界限，直接亲证到超理性的事物。（1:232—233）

具有灵性的第一个迹象，就是你变得喜气洋溢、活泼开朗了。当一个人郁郁寡欢时，那可能是消化不良，而不可能是出于对神的信仰。（1:264）

我尊贵的王子啊，人生是如此短促，浮华一世，转瞬即空。唯有那些为他人而活的人，才是真正地活着；其余的人，与其说他们活着，不如说是走肉行尸。（4:363）

在外部的世界里，道德的律则，在过去是，在将来也是如此，不会摧毁它的多样性而建立起绝对的同一性，因为这是不可能的，它只会带来死亡和毁灭。而我们应该是在一切外部的千差万别当中，确认了某种内在的统一性；在一切让我们担惊受怕的事件当中，使我们知晓神就居住在其中；在一切看似羸弱的外表底下，让我们意识到那无限的力量，作为人人皆禀有的先天资产；在一切截然相反、对立的表面，使我们甄别出灵魂的永恒、无限与它纯粹的本质。（1:436）

保持平衡

那些先知为人类的状况而感到痛苦，立刻愁眉苦脸，捶胸顿足，并且呼吁大家饮石酸、嚼木炭，坐在盖满灰烬的粪堆上，说

话时只会呻吟和流泪。（7：521—522）

宗教应该是这个世界上最欢喜的事，因为它是美好的……宗教的本质就是洁净心灵；故只有心性纯洁的人才能触碰到。当我们惦记这个世界时，世界徒为我们的世界；但是，如果让我们带着世界就是神的感觉来信靠它，我们就拥有了神。（8：7—8）

我非常清楚，为人世前途而努力是何等美好，所以我做这些事情也是满心欢喜。但是，当涉及之事与内在的真理产生冲突时，我就不干了。（5：70）

严肃而又不乏孩子气，与所有的人皆能敦睦相处。（6：329）

对每一种激情的克制，都有利于你的平衡，因此，良好的处事策略，正如一切美德那样，不以怨报怨、不以愤怒来回报愤怒。（6：136）

纯洁的头脑，拥有巨大的能量和超强的意志力。而心地不纯，则不可能有精神性的力量！（1：263）

我们应该培养乐观的性情，努力去发现事物中美好的一面。如果我们赖在原地，成天为身心的缺陷而唉声叹气，那么我们就一无所是、一无所成；克服逆境，迎难而上，这样才能使我们的

精神得到升华。（4:190）

我们的这颗心，它是如此迷茫、如此脆弱，容易被牵着鼻子走。但即便如此，这颗心也同样可以很强大，并且可以瞥见那至高的知识，就是那种使我们一次一次从死中复活、自绝处逢生的一体性。正如雨水落在了山上，并在山坡形成了不同的溪流一样，你在这里所看到的所有能量，也都来自于同一位。它已经化身为了摩耶世界，故切勿追随这种多样性的化身，而是要走向那个神圣的"唯一"。（2:182）

在评判他人的时候，我们总是根据自己的理想来判断他人，这是不应该的，每个人都必须根据他自身的理想来评判，而不是根据旁人的理想来评判。（2:105—106）

从小开始理智的训练是必要的，做任何事情我们都不能盲目。但是，瑜伽士已经越过了这个理智与分辨的阶段，而且已得出了结论，此结论不可动摇，稳如磐石。（1:236）

就书籍的数量而言，它们是无穷尽的；但我们的生命甚为短促。所以，知识的秘密，就在于得其精华、取其本质，然后把这种知识活出来。（1:236）

过量的欢乐必是尾随着悲伤，眼泪和笑声是一对孪生的兄弟。人们经常从这一极落到了那一极，悲喜莫定。让心灵保有它的欢喜，而且是宁静的欢喜。永远不要陷入极端，因为物极必反，凡事过头，必会招致烦恼。（4:11）

否定之否定

在评判他人的时候，我们总是愚蠢地把自己的一个亮点作为自己的全部，拿来与他人生命中的一个黑点作比较，因此，我们在评判个人时往往犯错。（5:267）

一位真正的瑜伽士绝不会用思想、言语或行为去伤害任何人。此种仁慈还不应单单局限在人类那里，而应该有更浩大的胸廓，超越同类，拥抱整个存在界。（1:137）

绝不要议论他人的缺点和过失，不管他们到了如何糟糕的地步。议论他人不会带来任何的好处。绝不可能通过评论他人缺点来帮助他人，这会伤害到他，而且还会伤害你自己。（6:127）

为那些辱骂你的人祈祷吧，他们对你所做的正是此等大好事情：他们正在帮助你根除你那个虚假的自我。你若是坚守住真实的自我、持有纯洁的思想，你的成就将会超过一个军团的传教士。唯在洁净中，在默观中，话语的大能才会汩汩而出。（8:31—32）

　　既不要指责他人，也不要责怪神明，不归咎于世上的任何人。若是你发现自己正遭受苦难，自己负起责任吧，并尽力而为，把事情做得更好。（2:225）

　　你不必批评他人，你得自我批评。如果你看到了一个醉汉，不要指责他，记住，他是你的另外一个样子。没有黑暗的人，是看不到他人的黑暗的。你的内心拥有的，正是你在他人身上所看到的。只有这种自我批评，才是最可靠的自我更新之路。如果那些看到罪恶、批评罪恶的未来的改革派们从自己开始，停止造恶，那么世界将会变得更好。把这个想法交给自己。（6:129）

　　不管他人怎么想，怎么做，都不要降低你自己的纯洁、道德与对神奉爱的标准。（8:382）

　　尽你所能来到神的面前，但只是来而已；进来的时候，切不要将任何他人推下去。（7:97）

　　看呐，世界自有其判断的准则，这与真理的准则迥然不同。（8:414）

　　虽然他们都相信永生，但他们不知道，永生不是通过死或升天来获得的，而是通过放弃这个贪得无厌的小我，通过不将自己绑在一个小小的身体上而获得的。永生，就是认识到自己和万物的一体性，以所有的身体来生活，以所有的心灵来感受与认知。
我们必须能够在其他的身体里面感受。我们也一定能够在其他的
身体里面感受。什么是同情？这就是同情了！难道还有什么东西
能够限制我们的这种同情心、我们的这种感受力吗？当我能够借
着整个宇宙来感受的时候，拥有这种无限同情心的时刻就会到
来。（8:130）

确保自己的善

我们唯有通过行善，才能确保自己的善行，除此而外，再无
别的途径。……你是神，我是神，他也是神。正是这个神，它通
过人类在这个世界上做所有的事情来显明自己、表达自己。难道
在某一处还有一位高高在上的、不同的神吗？所以，去行动，去
做事！（6:317）

去行善，为他人做事，这就是一最高贵、最广大的宗教。
（6:403）

只有对他人行善，才能确保我们自己的善行。（6:266）

我们对他人的责任意味着帮助他人，向世界行善。为什么我
们要向世界行善？表面上是帮助世界，实则在帮助自己。（1:
75）

敬奉母亲，是一切福气的根源。（8:530）

切勿高高在上，捏个五分硬币对乞丐说："给，可怜的人！"反而应当心存感激：幸亏有这个乞丐，才能通过一点点布施，帮助自己。这里的受惠者不是接受者，而是馈赠者。（1:76）

彰显你内在的神性，围绕着你的一切都会变得和谐。（4:351）

常常因为紧张与恐惧，我们会伤害他人；又因害怕这种伤害，我们却伤害了更多；再因努力避开恶行，结果，我们却跌入恶行的窝。（6:429）

如果你是一位强者，那很好！但请不要诅咒那些不如你强壮的人。……每个人都喜欢说："你们这些人有祸了！"可是，又有谁会说："是我有祸了，因我没能帮助到你！"现在，人们正以其最好的能力、方法和知识来努力奋发。我有祸了，若是我没能把他们提升到我所在的位置！（1:439）

爱，一视同仁

爱一个人是一种束缚；若是能够一视同仁地爱众人，那所有

的欲望都会自然消解。（7:66）

想知道自己是什么，不妨向外面看，因为世界就是我们的一面大镜子；而这个小小的身体，则是我们自己所缔造的一面小镜子。但整个宇宙才是我们的身体，我们必须时刻记得这一点。然后我们就会知道，我们不可能死去，也不可能伤害他人，因为他就是我们自己。我们不增不减、不生不灭，我们最应该去做的，就是只管去爱。（8:48—49）

可以肯定的是，神的爱必会降临到宇宙众生的心中。我们越接近神，我们就越会发现万事万物都沐浴在神爱之中。当灵魂成功地获得了这至高无上的爱的祝福时，它也会在一切之中看到神、看到爱。我们的心将因此而变成了爱的不老泉。（3:82）

仅仅为了爱而爱着，这是不能向那些尚没有感觉到它的意味的人表达的。（6:143）

许多人都有感受力，但只有少数人才有能力表达。这是对他者表达爱、表达欣赏与同情的力量，这种力量能够使一个人比他人更容易地进行思想传播。（8:428—429）

其实，世人并不在乎原则，而只在乎人，他们会耐心地听一个自己喜欢的人讲话，即使这些话语毫无意义，也不愿意听任何他们所厌恶者的话语。请深入思考这个问题，并相应地改变你的行为，那么，一切都会如你所愿。如果你要统治，那就做个爱的仆人。这是真正的秘密。即使你的话语是严厉的，你的爱也会流露出来。不管用何种语言，人们都会本能地感受到含蕴其中的爱。（7：482—483）

在这个世界上，我们听到很多的高谈阔论，譬如对思想的自由、对他者的同情等，皆以不同的观点来展开。这些都很好，但我们会发现：只要对方相信他所说的每一件事情，他就会与之同情；但只要对方敢于提出异议，那种同情就会消失，爱也荡然无存。（3：208）

要知道，偏袒是万恶之源。换言之，如果你对任何人表现出比对其他人更多的爱，那么毋庸置疑，你已经播下了烦恼的种子。……此外，容忍每一个人的短处，宽恕世人的冒犯。如果你们都无私地爱着所有人，那么渐渐地，所有人都会彼此相爱起来。（6：322—323）

我们相信，每一个灵魂都有义务以这种方式来思考、来对待其他的灵魂，就如同神明一样。不憎恨、不鄙视、不诋毁，并千方百计避免彼此伤害。（4：357）

真正的导师

真正的导师能够迅速地将自己调整到弟子的水平，从弟子的角度，以其眼而视，以其耳而听，以其心而思。（4:183）

如何最有效地实现自己个性的和谐发展？通过与性格成熟、智方神圆的人交往。（5:315）

一位门徒对其古鲁（导师）必须有极大的信心。在西方，导师只传授心智的知识，那就是教育的全部了。而在印度，与导师的关系是生命中最伟大的事情。在我自己的人生中，最亲近、最重要的人就是我的古鲁，然后是我的母亲，再然后则是我的父亲。我最尊敬古鲁，如果我的父亲说"做这件事"，而我的古鲁说"不要做这件事"，那么我就不做。父母给了我这个身体，而古鲁却解放了我的灵魂，使我的灵魂得以重生。（8:112）

通过古鲁的指引和你自己的信心，你会领悟到，这不是一个由名相垒就的世界，而是以同样的本质作为世界共同的基础。于是，你就会认识到你与宇宙之间的一体性，从最高的造物主，到最微末的一株草芥，皆是一体，彼时，你就会达到"心缚俱解，众惑销遁"的境界。（7:164）

真正的古鲁必然会教导我，引领我走向光明之境域，使我成为他自己也是其中一员的伟大系谱当中的一个环节。街上的常人是不能自称为古鲁的，因为古鲁必须是一位见道者，他已经觉悟到了宇宙间最神圣的真理，他已经亲证自己为灵。而只是停留于嘴上功夫的人，不可能是古鲁。（8:115）

无论是为自己获得灵性的真理，或是传授这种真理给他人，其必备的条件，都需要心性与灵魂的纯净。（3:50）

我相信你们是能够明白这一点的，即作为一位精神的引领者，此人必须客观公正、无有私心。我不是说他应该冷漠无情，以众人的虔敬来达成公共的目的，并窃然自喜。我的意思是说，在我的爱中，我是非常私人化、个体化的。但是，如有必要，我可以用自己的手，掏出自己的心肺，如佛陀所说："为众人谋利，为众人造福。"真正的爱，是爱得热烈而沉醉，却没有任何的束缚在里边。（8:429）

你是古往今来最伟大最宏伟的圣典，你本身就是知识的无尽宝藏。除非我们开启出内在的老师，否则，一切外在的教育都归于徒劳。必须开启出心灵的大书，方能获得价值与意义。（7:71）

那么，我们如何认出一位导师呢？太阳不需要火炬来照亮自己，人们依然能够看得见。我们不需要点着蜡烛找太阳。当太阳升起时，我们本能就知道它的升起；当一位人类的导师前来帮助我们时，灵魂也会本能地知道此人已经找到了真理。真理以自己的存在为证据；它不需要任何其他的证明来证实它，它自发光明，能够照耀到我们每一个人的本性深处，这时候，整个宇宙都会说："这就是真理！"（4∶23—24）

第五章
有多少人，就有多少道

亲证

为了证明神的存在与不朽，我们必须超越感官知识。所有伟大的先知与见道者，都声称自己"见过神"，也就是说，他们已经有过直接的经验。没有经验，就没有知识，人必须在自己的灵魂中亲自经验神。一旦人与宇宙中的最伟大的唯一者面对面，那么，所有的怀疑都会消失，而曲径就会变成直道。这就是"对神的亲证"。我们的任务就是要去亲自体验，而不是囫囵吞枣、道听途说。当你超越了感官世界的知识时，这一切就可能发生。（6:132—133）

信仰并不存在于教义或信条当中，它既不是你所阅读到的，也不是那些你所相信其重要的教条，而是你真正证悟到的。"虚心的人有福了，因为他们必得见神。"是的，就在此一个生命里。这就是所谓的拯救。有人说，这可以通过默念圣言或咒语来获得。但是没有一个大师说，那些外在的形式是拯救所必需的。获得它的力量就在我们的内心。我们在神那里生活与行走。信条和教派自有它们的意义，但这些只是为孩童而存在，只是暂时的。书籍从来不会创造信仰，但信仰不断创造书籍，我们必须牢牢记得这一点。没有一本书能够创造神，但神却启示了所有伟大的圣典。没有一本书能够创造出灵魂，我们也必须不忘记这一点。理想的道路与方法可能各有不同，其核心却是一致的。（1:324—325）

所有感官的快乐，甚至心意的满足，都是稍纵即逝的，但是，在我们的内心深处，存在一种真实稳固的喜乐，它无须外在的任何条件。"这种自我的喜乐，就是这个世界所谓的宗教性。"（8:29）

每一种信仰，都有其自身独特的教义，并坚持认为自己才是唯一真实的宗教。不仅如此，信仰它的人还威胁不相信它的人必然会到某个可怕的地方去，有些人甚至还会拔出刀剑来逼迫他人相信他们自己所信的。这不是因为邪恶，而是因为人类的大脑当中有一种叫作"狂热"的疾病。这些"狂热者"是人类当中最真诚的，虔诚备至，然而狂热至极。但他们与世界上的其他疯子一样不负责任。这种"狂热"的疾病，是所有疾病当中最危险的一种。因为人性中的所有邪恶，都被它唤醒了，激起愤怒、激起仇恨，而神经高度紧张，人们则变得如虎似狼，十分可怕。（2：377—378）

世界上所有的信仰果真互相矛盾？我不是说伟大思想的外在形式，也不是指在各种信仰中所使用的不同的建筑、语言、仪式、典籍等，而是指每一种宗教的内在灵魂。我认为它们并不矛盾，它们是互相补充的。每一种信仰，皆可以说占有了伟大的普遍真理的一部分，并在其中发挥其全部的力量。（2：365）

现在，你们当中的一些人认为，自己所理解的真理、神圣以及上帝，只在一位先知身上得到体现，而不在任何其他的先知那里体现。很自然，借此我就得出了如是结论。你们如果这么认为，只能说明你们并不了解任何关于人的神圣性；你们只是囫囵吞枣、一知半解，而自己的生命也只是按照某一种信仰来认同，人云亦云。这根本不是信仰。这个世界上总是会有一些愚者，虽然极好的清水源就在附近，但他们却说，咸水井是自己的祖辈挖掘出来的，所以必须取用咸水。

现在，就我个人的微末经验所收集的知识来看，对于因信仰被谴责的一切恶行来说，绝不是信仰本身的错。宗教从来未曾迫害过人，宗教从来未曾烧死过巫婆，宗教未曾做过这些事情。那么，究竟是什么在煽动着人们去做这些事情呢？是政治，绝不是宗教。如果政治假宗教的名义而实施暴行，那又是谁的错呢？

所以，当有人站起来说"我们的先知，就是唯一真正的先知"之时，他错了，他显然不知道信仰的起源。因为信仰既不是空谈，也不是理论与教义，更不是单纯理智的认同。它是我们内在心灵的亲证，它触及了神，它是一种真实的体验，意识到自我是一个与宇宙精神，以及与这种精神的伟大表现密切相关的灵。（4∶125—126）

经验是知识的唯一来源。在这个世界上，信仰是唯一没有担保人的科学，因为它不是作为经验科学来教授的。它也不应该是这样的。然而，在人类史上一直有少数的人致力从经验中传授信仰。他们被称为神秘主义者，每一个信仰中的神秘主义者们都说着同样的话语，教授着同样的真理。这就是真正的信仰科学。正如数学一样，它在世界的每一个地方都没有什么不同，所以神秘主义者也大抵如是，它们的情形甚为相似。神秘主义者的经验是相同的，而这些经验，才是法则。（6∶81）

理想的信仰，必须是博大的、宽广的，它应该足以为所有不同的心灵提供精神的食粮，它必须给哲学家以哲学的力量、给崇拜者以奉爱的心灵；而对于那些祭祀者，它应该给予足够传达超妙意义的象征物；对于诗人，它应该提供他能够接纳的心，诸如此类、不一而足。要建立如此博大、宽广的信仰，我们必须重返信仰生成的源头，并将这些全部纳入其中。

我的口号是，接纳，而不是拒斥。不仅仅是宽容——那些所谓的宽容经常是亵渎神明，所以我不相信宽容，而是相信接纳。我凭什么"宽容"？宽容意味着：我虽认为你是错误的，但我允许你的存在。所以，我接纳所有过去的信仰，而且与他们一起崇拜，我愿与他们中的任何人，以他们所崇拜的任何形式崇拜神。（2:373—374）

人、水牛和鱼

如果水牛想要敬拜神，它们会按照自己的特性，把神想象成一只巨大的水牛；如果一条鱼想要崇拜神，它想象中的神，就必然会是一条大鱼……人类也很自然地会把神视成人的形象。假使人、水牛和鱼由各种不同形状的容器来代表，并各自按照其形状和容量灌满水，然后，把它们全都放入了神的海洋。于是，在人的容器里面，水就呈人形；在水牛的容器里面，水则呈水牛形；在鱼的容器里面，水就呈现为鱼的形状，但是我们知道，在每一个容器中，装着的都是同一个神的海洋的水。（8:256）

凡真正具有信仰品质的人，从来不会为不同信仰的表现形式而争论不休，他们知道所有信仰的生命力都是一样的，因此，他们不会与任何人争论，因为他不会在此浪费口舌。（6:47）

所有宗教的最高境界与宗旨，皆是为了与神的一次重聚，或者说，是与神性即每个人的真实本性的合一。虽然目标只有一个，但实现此目标的道路与方法，却是因人之气质的不同而各异。（5∶292）

人们从不同的角度、不同的心灵境界，看到这同一个无限的存在，常人把他视为自己的祖先；境界开阔一点的人，则视他为地球之主宰；而眼界再高一些的人，则视他为宇宙的掌管者；那些境界最高者，视他为自我。实际上，这都是同一个神，之所以不同，只是由于人各自的领悟程度之差异，以及各自站点的视域之不同。（8∶189）

当人们从不同的角度或距离去观看大海时，每个人都从自己的位置看到同一个大海的不同部分。他们每一个人都可以说自己所看到的乃是真实的大海，而且他们说的是实情，因为他们所看到的，都是无边辽阔的同一个大海的一部分。同样道理，各种不同宗教的不同经典，虽然看似存在着各种不同，甚至是互相矛盾的说法，但它们所说的却是同一个真理，因为它们都是对那无限的实在者的不同描述。（6∶103—104）

我们需要知道一个核心的秘密，真相可以是一个，同时又可以是许多个。对同一个真理，不同的角度，会有不同的认知，这正是我们在做的事。因此，我们不需要与任何人对抗，而应该与所有人皆有同情之心。我们知道，只要这个世界上有不同的人，

彼此之间就必须互相接纳。（4:181）

　　很早以前，人们就已经认识到这个世界有各种各样的敬神方式，也知道不同的人需要不同的路径。你走向神灵的方法，很可能不但不适合我，反而对我有害。那种认为有一种道路适合所有人行走的想法，是有百害而无一利的，它毫无意义，我们应当坚决避免。哦，世界有祸了，因为人人都持相同的信仰，都走相同的人生道路。彼时，所有的信仰与所有的思想都将毁灭。多样性是生命的灵魂，当它完全消亡时，创造精神也就会死去。反之，当多样性的思想得以维系，我们也必得生存。我们不必为这种多样性而争论不休。你的方式对你很好，但对我却未必合适。同样，我的方式对我很好，但对你，却未必如此。（3:131）

　　但是，只要人类还在思考，就一定会出现崭新的信仰。这种变化正是生命鲜活的象征。我愿意祈祷它们品类繁多，好让每一个人都有适合他自己的道路，有他自己个人获得信仰的方法。（2:364）

　　难道神的作品已经完成了吗？或者，它的启示仍然在进行之中？这是一本伟大的书——世上的所有灵性启示源自于此。那些《圣经》《吠陀经》《古兰经》，所有的圣典都只是其中的一些页码，而仍有无数页还有待人们继续去打开，我愿意让我的心灵向这一切永远地开放着。（2:374）

　　当我试图抓住它、感受它，进而试图实现它的时候，我可能就找不到它了，但是，我确信它的存在。如果我作为个体，对什么确定有把握的话，那就是回到我们人类所共同的人性。正是通过这个普遍的实体，我把你看成一个男人，或者一个女人……这普遍的信仰必然存在于无限与永恒之中，"我是贯穿所有这些珍珠的一条线"，每一颗珍珠都意味着一种信仰，或其中的一个信仰派别。这些珍珠各具特色，而神是贯穿于它们的主线，只是大多数的人完全没有意识到这一点而已。（2:381）

　　灵魂的语言总是一样的，而民族的语言却可以多种多样，人们的风俗习惯与生活方式则更是大相径庭。信仰属于灵魂的世界，它通过不同的民族、语言和习俗表现出来。因此，世界上各种信仰之间的差异，其实是表面的，而不是实质性的；它们的相似性和统一性，皆在于其灵魂，是内在的，正如灵魂的语言是唯一的一样，在任何民族、任何情况之下，它都在显示自己、表明自己。于是，它们构成了充满活力的美好的和声，正如许多不同的乐器奏出的一部交响乐，充满了和谐、充满了活力。（6:46）

非人格神崇拜

　　对非人格神的崇拜，是通过认识真理来实现的。那真理是什么呢？即"我是他"。当我说我不是你的时候，那不是真理。当我说，我与你是分离的时候，那一定是谎言，一个可怕的谎言。

我天生就是宇宙的一分子，这对我来说是不证自明的，我与宇宙是一体的，我与周围的空气是一体的。灵魂带着热、带着光，永远和整个宇宙存在同为一体。这个宇宙被称为宇宙，被误认为是宇宙，正是缘于"他"，而非别的，这个心中永恒的主体说，"我是……"在每一个人的心里，这个不死的"一"、不眠的"一"，他永远觉醒、永恒不朽，他的荣耀永不消逝，他的大能永不衰竭。而我和他就是"一"。（1:380—381）

这就是室利·罗摩克利希那给现代世界的讯息："不要在乎教义，不要在乎教条、教派、教堂或庙宇。与每个人存在的本质，即灵性相比，那些都是微不足道的；一个人的灵性越是发展，他在世上行善的力量就越强大。要在灵性上用功，首先要获得它，而不要轻易批评他者，因为所有的教义和信条，都有某种善存在其中。以你的生活去表明，信仰不是指语言、圣名或教派，而是指灵性的觉醒。只有那些了解灵性、深谙灵性者，才能把灵性传达给他人，才能成为人类伟大的导师。只有他们才是光明的力量。"（4:187）

以对神圣者的强烈渴望、虔诚敬仰，产生出了真正的奉献、真正的巴克蒂（Bhakti）。谁有这种渴望，这是问题之所在。宗教不存在于教条、教义或单纯理智的辩论中；它是存在与生成，它是觉悟与亲证。我们听到了如此之多关于神和灵魂的言论，以及宇宙中的一切奥秘，但是如果你一个一个地问他们："你认识神了吗？你遇见过你自己的灵魂了吗？"有多少人能够说他们看到了？然而，你却看到他们都在没完没了地互相指责、互相掐架！（2:43）

尽管一个人不曾研习过某个哲学体系，也不曾相信而且永远不会相信任何神明，甚至他的一生中从未祈祷过，若凭单纯的善行力量，就能引导他进入甘愿为他人而放弃自己的生命及其他一切的境界时，他便已经到达了宗教徒通过祈祷、哲学家通过知识所抵达的同一境界。所以你会发现，哲学家、行动者和虔信者，他们会在同一个境界即自我弃绝的境界中相遇。（1:86）

所有那些我们所采用的，以寻觅神的方法，都是真实而有效的，这就像是人们为了找到北极星，凭借围绕着它的各种各样的星星来确定它的位置一样，而这些都是有意义的。（7:57）

因为害怕惩罚而崇拜神灵，这是一种堕落、是一种屈辱，这种崇拜，如果说也是一种崇拜的话，那根本上就是一种最原始形式的爱的崇拜，只要你的心里还有恐惧，又怎么可能会有爱？若真是爱，则自然会战胜一切的恐惧。（3:88）

觉悟真理乃是最根本的事情。不管你在恒河里沐浴了一千年，还是一千年都在吃素，除非它有助于真正自我的显明，否则，你应当清楚这一切都是枉然。另一方面，如果有人可以在不

遵守外在形式的情况下认识了阿特曼，那么，这种不遵守的形式，就是最好的手段、最好的方法。（7:210—211）

神圣者，是一个极伟大的磁场，我们就像纷乱的铁屑，正不断地被他吸引着，我们所有的人都在努力上达于他。我们在这世上所有的奋斗，皆不是为了一个自私的目的。通常，愚者不知道自己在干什么，干的事有什么意义，但是，他们毕生之所为，终究也是为了接近那块大磁铁。生命中所有的拼搏、奋斗，最终都是为了亲近他，并与他成为一体。（3:75）

通过崇高的或卑微的哲学；通过极优雅的或极通俗的神话；通过极精致的仪式，每一个灵魂，其实有意或无意地，都在奋力上行，朝向神，人类对真理的每一个愿景，都是对"神"的愿景，而非任何他者。（2:383）

如潮奔涌

除了爱、去爱和被爱之外，虔诚的巴克蒂信徒再也无所挂心了。他们那超凡脱俗的爱，就像大潮涨起，直冲河流的堤坝，而巴克蒂传统的奉爱者们也是这样疯狂，如潮水的奔涌，自与流俗不同，故世人皆说他们的痴狂。我曾认识一个人，他就被世人视为爱的痴狂者、沉醉者。他这样回答我："我的朋友，整个世界就是一个各类疯子的收容所，有些人为追逐世俗的爱情而如痴如狂，有些人为名利的追逐也是如此，有些人为威权，有些人为金钱，还有一些人则纯粹是为了得救赎，而后能够进入天堂。在这个痴狂的巨大的疯人院里面，我也是疯了，只是我为了追求神，为这神圣的追逐而疯狂，如果说别人是为财富而疯狂，我则是为神圣而疯狂，你疯狂，我也疯狂；你痴迷，我也痴迷。我认为，我的这种追求，在所有的痴狂追求当中，应该是最好的。"（3:99—100）

真正完美的奉爱者，不再到庙宇或教堂里寻求神明，他们知道神明无处不是、随处可见，倘若在寺庙里能够找到神，那么在寺庙外也能够找到神。（3:92）

一旦这种至高无上的爱进入心扉，他的心意就会不断地惦念着神，而再也不会去思想别的。除了神以外，他的心思再也不会给别的事物留有余地，他的灵魂也将因此变得无比纯洁，他将独立挣脱所有思想与物质的束缚，并安守在自由之中。只有这样的人才能在自己的内心敬拜神；对他来说，形式、符号、书籍和教义都是多余的，这些根本无法被它们证明是有效的。因此，真正的爱神并非一件易事。（3:86）

但是，对那些视灵魂的永恒利益要远远高于俗世的短暂利益、视感官的满足就像婴儿极幼稚无聊的游戏一样的人，神和神的爱，是人类存在最高的和唯一的意义。感谢上帝，仍有这样的

一批人活在这个太过世俗的世界里面。（3:43）

宗教的酵母，目前正日益支配着人们的思想，但它会有这样一个特点，一切有所突破的，甚至是小小的思想旋涡，也都在打破自己以宣告一个唯一的目标、一种至高的愿景、一种与存在合一的终极追求。（8:347）

因为我们人类之间的任何一种关系都可以神圣化，所以，我们与神的关系也可以采取任何一种形式，譬如，我们可以视神为我们的父亲、母亲、朋友、爱人。称神为母亲比称为父亲更理想，而称神为朋友又比称为前两者更理想，但最高的理想，就是把神当作自己的至爱。当然，最重要的需要记得的一点就是，爱就是被爱，两者之间并没有区别。（2:326）

一切事物的目标都是指向自由，而自由只有通过彻底的无私才能够获得；每一个无私的念头、每一句无私的话、每一次无私的行动，都会带我们走向自由，故此我们称它们为"道德的"。你们将会发现，这一种定义适用于每一种伦理体系。在某些思想体系中，道德来源于一个至高的存在，如果你再问，为什么一个人应该这样做而不应该那样做，回答是："因为这是上帝的旨意。"但是，无论道德的源头为何，其道德的准则都具有一个相同的核心理念：即不要为自己挂虑，而应放下自己。（1:110）

有时，人们会突然经验到一种与宇宙合一的感觉，不管他是否真的明白，他都会冲出去把这种合一表达出来。而这种合一的表达，就是我们所说的爱与同情，也是我们所有的伦理与道德的基础。这在吠檀多哲学中，以著名的圣言概括为"彼即尔"（Tat Tvam Asi），或"你就是那"（Thou Art That）。（1：389）

当生命本身是因为爱的一个理想而维持时，当生命本身只是因为爱而美好、而充实、而为之一活时，爱就达到了一种极高的境界。如果没有这种爱，这样的生命就会戛然而止，片刻不留。生命是甜美的，因为它有爱与被爱的牵挂。（3：80）

第六章
力求自我发现

培养自信心

纵观人类的历史，在所有伟人的生活当中，无论男性还是女性，如果说有某种动力比其他的力量更为强劲，那无疑就是他（她）们的信心了。一个人若是意识到自己生来就是伟人，那么这个人就会变得伟大。一个人若先是沉沦，不断往下坠落，那么会走到无路可走，但也总会有那么一天，他从极度的绝望中走出来，走上一条向上的曲折道路，并学会相信自己。但是，对我们来说，最好是从一开始就懂得这个道理。为什么我们非要走过这么多曲曲折折的弯路，经历这么多的痛苦，才获得对自我的信心呢？我们可以看到，人与人之间的所有差距，都是由于人们对自己是否持有这种信心。相信自己能够做任何事，相信自己的无限

潜力……传统的宗教告诉我们，不相信神的人，是无神论；而新的宗教却要说，不相信自己的人，就是无神论。（2:301）

对软弱的救援，不是去沉思软弱，而是要去思考力量。一定要引导人们去发现自己内在的力量，而不是告诉他们，你是罪人。吠檀多哲学正是站在这样的立场上，如是教导人们："你是纯洁的，你是完美的，你所谓的罪恶并不属于你。"其实，罪恶云云，只是自我的一种非常低层次的显现程度，你恰好是要表达出较高的自我来。我想，这是我们必须要记住的事情，而且人人皆可做到，永远不要说"不！"永远不要说"我不能！"因为你是无限的。与你的本性相比，整个时间和空间、整个宇宙都是微不足道的。你可以做任意一件事情，你是无所不能的。（2:300）

是什么让你软弱？是什么让你担惊受怕？你是宇宙中唯一的存在。有什么好害怕的？站起来，你是自由的！要知道，在这个世界上，每一种削弱了你的思想和言语，就是现存的唯一的罪恶。任何使人羸弱、让人恐惧的，就是我们应当避而远之的罪恶，没有别的。（2:236）

德行使我们进步，恶行使我们堕落。人是由三种品质构成的：动物性、人性和神性。能够增进我们内在神性的方为美德，而导致我们动物性的放纵即是邪恶。我们必须杀死这种动物性，成为人，即回归于人性的爱与慈悲。但你还必须超越这种人性，成为纯粹的自我——存在、智慧与喜乐（Sat-Cit-Ānanda）。火断不能焚毁它，这里的爱无与伦比，但它脱离了人类之爱的种种软弱，没有任何悲痛的情感。（6:112）

宗教并不是给你带来新的事物，而只是帮助你消除障碍，让你看到你的真实自我。疾病是第一道较大的障碍，一个健康的身体无疑是一上好的抵御疾病的屏障；而抑郁则几乎是一道不可逾越的壁垒。如果你曾经认识了梵，那么你再也不可能患抑郁。疑虑、贪婪、错误的观念等，都是程度不等的种种障碍。（7:62）

完美的道德，是完全地操控了自己的心意。拥有完美道德的人，已经无求于外，他是彻底自由的人。这样的圣者，不可能毁坏任何事、伤害任何人。只有这种自由的人才真正臻入不害的境界，没有谁比达到这种不害境界的人更有力量。没有人可以与之争斗，没有人可以与之反目。确实，无论在哪里，他的存在，就意味着平安；他的出现，就意味着满满的爱。在他面前，无人会生气或战斗，甚至，连动物，最凶残的动物，也都会在他面前安静下来。（6:126）

任何一个人都不应该以他的缺点来评判。一个人所拥有的最高美德，才是评判他的标准。他的犯错，只是人类共同的弱点，不应该拿来评估他的品格。（7:78）

觉醒

每一个灵魂，都注定是要完美的，每个人最终都可以达到那种完美的境界。我们当下之所是，都是我们过去的思想和行为的结果；我们将来之所是，也是我们现在的所想和所做的产物。但是这并不意味着我们命运的塑造，不需要接受外界的帮助，不是的，甚至，在绝大多数情况下，这种帮助极有必要。当它到来时，灵魂深藏的更大的潜力与可能性被激活了，灵性的生命被唤醒，并活泼泼地成长起来。使得每一个人，最终皆能抵达神圣与完美的境界。（3:45）

没有圣书、没有圣人，也没有人格神，圣书、圣人、人格神，所有这些最后都必须抛弃。另外，所有的感官也必须抛弃，我们不能被感官世界束缚。而目前，我们却禁锢于其中——这就像在冰川中快要被冻死的人，他们都有一种强烈的嗜睡感，当他们的朋友试图来唤醒，并警告这样会死的时候，他们却说："让我死吧，我只想睡觉！"我们就是这样，都会被感官所系的小事所捆绑，即使我们因此而被毁灭；我们竟然忘记了这世界上还有更为重大的事情需要我们面对。（8:127）

我们每一个人的所思所想、我们所做的每一个行为，过了一段时间之后，都会变得精微，最后进入了种子状态，换言之，它们是以一种潜在的方式存于我们的精微身之中，再经过一些时日，时机一到，它们就会重新出现，并自己承担思想与言行的后果。正是这些结果决定了人们的生活。因此，人们是自己塑造了自己的生命。人并不真的受任何其他法则的约束，除了他为自己规定的之外。我们的思想、语言与行为，无论善或恶，都是我们自己为自己铺设的罗网，善或恶一旦发动，我们就必须承担全部的后果，这就是因果法则（The law of Karma）。（2:348）

在邃古之初，人类就已经发现了灵魂并不受感官的约束与限制，不仅如此，它甚至还不受意识的束缚。我们必须懂得，这种意识只是无限链环中的一个环节之名而已。存在与意识并不相同，但意识只是存在的一部分。对意识的超越是极大胆的探索。意识自己会受到感官的束缚。超越感官，超越这些意识，为了抵入灵性世界的真理，我们必须去超越！这些事情过去有，甚至现在也有人成功地超越了感官世界的界限。（3:253）

进路

究竟是什么使一个人成为天才、一个圣者？难道不是因为其理性的思考、意志力的顽强？如果缺乏训练，人们就会丧失深入思考的力量，答磨习气（Tamas，惰性）就占了上风，头脑会渐渐变得麻木、趋于迟钝，久而久之，灵性也就会降低到物的层次。（4:473）

我们之所是，得全由自己负责，无论我们希望自己变成什么样子，我们都有能力造就。如果我们现在的样子，是由过去的行为所造成的结果，那么我们未来所希望的样子，必定是现在的行为所带来的产物。因此，我们必须了解行动的法则。（1:31）

所有教育、所有训练的最终状况，应该都是每个人自己造就的。但是，人们在实际生活中却往往做反了，我们总是试图把外表备足、擦亮。当一个人内在没有任何准备的时候，徒有外面的风光又有什么用？所有训练的宗旨与目的，皆是为了促成一个人的真实成长。若是一个人真有影响力，当他施展其影响于同伴，即是让此人发动内在的动力。当这个人准备好了，他就可以做任何他想做的事情，其人格也能够胜任于任何事情，并能发挥作用。（2:15）

孤独的时候，往往会给人带来更好的精神领悟，就好像有那么一会儿云层退去，真理的光芒照射出来一样。那些时候，束缚就能够松一大半。在所有的束缚当中，最大的束缚莫过于对名誉的牵挂，它甚至超过了对死亡的恐惧；但是，即使是这样的束缚，似乎也能够松开一些。就好像心灵顷刻明白了，聆听自己的内在，比听取他者的意见要强得多。但云层还会再次聚拢，这些的确是摩耶。（6:392—393）

即使你拥有整个宇宙的力量，即使你掌管了宇宙中的每一颗原子，那又有什么意义呢？除非你征服了你自己，除非你自己拥有快乐的能力，否则外在的这一切都不会让你真的快乐。（4:155）

将万物都崇拜为神——存在界的每一种物相都是神的庙宇。其他的一切都是幻觉。永远记得，往内看，绝不向外求。这就是吠檀多所宣扬的神，这就是吠檀多对神的崇拜。（8:136）

首先，谨守"一本万殊"这一伟大观念，明白同一性存于差异性之中，在所有的存在中，在一切的事物中看到同一个神。（4:328）

的确，性灵之光唯在纯净的心灵中闪耀着。因此，它并非得之于外。但要使得心地纯洁而无染，则意味着要在外部的世界进行长期的奋斗与艰辛的劳作。关于如何探究物质世界领域的知识，人们发现，那些伟大的科学家不时发现的更高真理，曾经如万丈光芒在他们的心中突然照临，所以他们必须去获得，去阐明。但是，这样的事实永远不会出现在没有文化的那些野蛮人的大脑中。所有这些都证明了，严苛的苦行（Tapasya）、虔诚的冥想，以及对同一个主题深入而持续的沉思与研究，都是其各自领域一切启迪的源头。（4:436）

有意识的自觉努力，可以让你走向超意识的光明之路。

（4:437）

内在神性的事实

在这个人世活得越久，我就越发相信，每一个人都是神圣的。任何男人或女人，无论多么卑鄙肮脏，这种神性都不会死去。只是他或她不知道该如何抵达它，他们只是在等待真理的发生而已。（8:186）

除了无限本身，每个人的那颗无限的灵魂永远无法被真正取悦。（4:240）

除非我们自己亲证到神，否则我们无法了解关于他的真相。我们每一个人的本性都是完美的，除非那些先知显明了这种完美的本性，否则在我们大多数人那里是潜伏着的。（7:97）

在日常生活中，我们往往被小事情伤害，被小人物所奴役。痛苦找上门，原因就在于我们认定自己是有限的，认为我们是卑微的生命。可是，要切实相信我们是无限的生命，这又是多么困难啊！在所有这些痛苦和烦恼中，当一件小小的事情让我失去平衡时，当相信我就是那个无限——事实上，我们就是无限，或自觉或不自觉地，我们总在追求那种无限。我们一直在寻找的东西，实际上就是自由。（2:399）

我们每个人都潜藏着一个无限的存在、智慧与喜乐的海洋，这是我们与生俱来的权利，即我们都有的真实之本性。我们之间的所有差异，都体现在我们每个人对这一神性的不同表达。因此，吠檀多哲学告诉我们，我们每个人都不应以未安全显示出来的神性作为标准，而都应该以他所本是的神性来对待。每个人都潜藏着神性，因此，每一位导师都应该帮助，而不是谴责弟子，以唤醒他们内在的神性。（1:388）

所有的努力，实际上都是为了认识自我、实现自我。对于所有人来说，人人皆有此平等的权利。这是应被所有人都接受的观点。（6:457）

完美新境界

人类的存在，是我们可以知道的此"世界"的最高峰。那些已经亲证了存在的"一体性"的人，据说是与神共在的（Living in God）。所有的仇恨，其实都是"小我杀死大我"，因此，相爱，从来都是生命的共同法则。上升到这一点，就是在成就着完美的道路。（8:35）

存在界的全部秘密都在于此：尽管生命的海平面可能波涛汹涌，但在其内心的深处，却有着无限的宁静、无限的和平与无限的喜乐。（4:354）

有限的，已经显现出来的人，他容易忘记自己的源头，认为自己与整个存在是分离的。我们作为个性化的、有差异性的生命个体，忘记了我们的真实身份。一元论的教导不是要我们放弃这些差异性，而是要我们学会正确地理解这些差异性意味着什么。我们实际上是无限的存在，我们作为个体，代表了这无限实体的许多通道，它正借此证明它自身。我们称之为进化的整个历史过程，是由灵魂源源不断地展现其无穷的能量所带来的。就无限的这一面而言，我们不会在任何一地停留，而有限的这一面的力量、喜乐和智慧，直至发展到无限的境界，否则不会终止。那无限的力量、无限的存在和幸福，都是我们的，我们无须自外部获得它们，因为它们是属于我们自己的，所以，我们只需要把它们表达出来。（2:339）

我们希望看到一个高度发展的和谐的人……我们想要一个深切感受人间疾苦的人，一个不仅可以感受，而且能够发现事件的意义的人，一个深谙人性的人，一个不愿意停歇，兢兢业业行动的人……这样一个大脑、心灵与双手完美结合的人，就是我们最想要的……为什么一个伟人不能同时活动、同时思考、同时爱呢？难道这是不可能的吗？当然不是。这样的人属于未来，目前几乎就没有。（6:49—50）

我们来思索这么一个问题，比较一下伟大的灵性导师与伟大的哲学家之间的关系。哲学家对人心的影响甚是微弱，但他们却写出了极了不起的书。而那些宗教的导师，在他们的有生之年，却行遍诸国，触及了无数人的心灵。这种差异是由不同的人格魅力造成的。在哲学家那里，人格的影响不成气候，但在伟大的灵性导师那里，人格的影响则广大而深远。前者关乎智力，而后者关乎生命。（2:15）

关于人的知识，是这世界上最高的知识，因为只有通过认识人，我们才能认识神。而反过来也是如此，即，神的知识，亦是这个世界上最高的知识，因为只有通过认识神，我们才能认识人。从表面上看，这个陈述似乎自相矛盾，但此一矛盾现象，正属于人性之必然。（1:433）

第七章
发人深省的猴子

心猿意马

控制心意是何其困难啊！据说，有这样一只猴子，像所有的猴子一样，生性好动，缺乏耐心。好像这还不够，有人让它喝了一点酒，喝完后它就更加躁动不安了。随后，又来了一只蝎子，蜇了它。我们知道，人要是被蝎子蜇一下，都会疼痛难耐一整天，更何况这一只可怜的猴子，它发现自己的处境糟糕透顶。为完结它最终的痛苦，一个恶魔进入了它的体内。我们该用什么语言才能够描述那只猴子难以自抑的躁动呢？而人的心意，就像这只猴子，不停地按自己的生性活动，然后又被欲望的毒酒灌醉，从而加剧了内心的动荡。欲望占领上风之后，在见不得人好的嫉妒之蝎的痛蜇下，最后，所有恶魔都闯进了心意，使它误以为小

我就是一切。控制这样的心意，真是何其困难啊！（1:174）

世界上现有的一切知识，都来自心意；而宇宙间无穷无尽的知识，事实上也都为你的心意所具有。（1:28）

自然性，既是植物的属性、动物的属性，也是人的属性。人的生活，总是按照一定的方式行动，人的思想也是如此。人的思想并不是偶然发生的，它的兴起、存在与消退，皆有一定的规律可循。换言之，正如外在的世界现象受法则的支配与约束一样，人类内在的现象，即人的生活、人的思想也受一定的法则的支配。（8:244）

心灵，就像一个湖，而我们的每一个念头，就像湖面上的一个个小水波，时升时落，时而又消失于湖中，因此，这些思想的水波也次第在我们的脑海涌现，然后又消失不见。但是，它们不会永久消失，只是变得越来越精微，越来越不容易被察觉，其实它们一直都在那里，等待再一次涌现，当被要求这样做的机会到了的时候。而人类的记忆，只是把一些已经存入精微状态的思想再度召唤出来呈现为波浪形式而已。故此，一切我们之所思、一切我们之所行，都储存在我们的心湖当中，然而一直以其精微的形式存于那里。当一个人死时，这所有的生命印象的总和，又形成一种更精微的物质作为介质存在。而灵魂，它就披戴着这些印迹与精微身，隐遁而去。灵魂的命运，即是由不同印象所代表的

不同力量的结果所推动的、所导致的。（2：268—269）

　　所有的宗教都在强调静心。瑜伽士说，冥想状态是心灵最高的存在方式。当心意识指向外在世界的对象时，它就把自己与对象等同了，从而迷失了自己。借用印度古代哲学家的一个比喻来说：人的灵魂就像一块水晶石，它的附近呈现什么颜色，它就取什么颜色，无论灵魂触碰到的是什么事物……它皆取该事物之颜色。这就是困境，这就构成了束缚。而这种触碰的色彩如此浓烈，水晶就全然忘记了自己，直接将自己与那种颜色认同。假若我们拿一朵红花靠近水晶，水晶就忘掉自己而取来花的红色，认为自己本来就是红色的。我们也是如此，取了身体之颜色，而忘掉了我们之所是的本来面目。所有的生命困局，皆来自那有死之身。我们的恐惧、烦恼、焦虑、麻烦、错误、软弱、邪恶，等等，这所有的一切，皆来自那个巨大的错误认知——我们就是身体。这就是我们普通人的命运，正是这个普通人自己，他拿着有颜色的花，靠近它并认同它。要明白，我们不是这个身体，恰如水晶不是红色的花。（4：227）

执心向内

　　从孩提时代起，我们就被教导去关注外在的事物，但鲜有被教导去注意内在的世界，因此，我们大多数人几乎都丧失了观察内在机制的能力。执心向内，就是说，阻止心意向外跑，然后集中它全部的注意力，让所有的专注都沉浸于心意自己，以便它可以知道自己的本性，分析自己，但要做到这一点，确实颇为困难。然而，这是通向我们生命主体的唯一的科学方法。（1:129—130）

征服外在的自然无疑是好的，是非常伟大的事情，但是，征服我们内在的自然却更加了不起。知道恒星、行星的运行规律，固然伟大而美好，但更卓越非凡的、更有裨益的，莫过于了解与掌握人类的情绪、感受与意志力的法则。征服了内心的人，他会了解人心运作的各种精微的秘密，并深得其中的无穷奥妙。（2:65）

我们的心，必须循序渐进地、有次第有系统地加以控制，而意志也必须借着缓慢而又坚持不懈的训练加以强化。这不是小孩子们的游戏，不能一时兴起，三天打渔，两天晒网。这是一辈子的事情，这是值得我们为之付出一切的伟大目标，这是亲证与实现我们与神的绝对合一的过程。确乎哉，有了此一目标，并知道我们一定能够成功，为此，我们付出再大的代价也是值得的。（5:294）

心地越纯洁，控制起来就越容易！（4:220）

世界上所有的知识是如何通过心灵的专注而获得的？如果我

们知道如何锤炼心灵，如何给予它必要的训练，这个世界就准备供出它的秘密。击打的强度和力量都来自专注。人类心灵的力量是无穷尽的。你越是心意专注，在那一点上所生成的力量就越是强大，这就是秘密。将注意力集中到外部事物上是容易的，因为人的心思生来就喜欢向外跑。但是在宗教、心理学或形而上学等领域，情况并非如此，因为它们认为主体和客体就是"一"。客体是内在的，心意本身也就是研究的对象。以心观心——研究心意本身是极必要的。我们知道，有一种心灵的力量叫作反思。譬如，我正在和你说话，与此同时，我也站在一边，形象地说，如同旁观者，正在理解和倾听我在说什么。你在行动，同时也在思考，你心中的那个旁观者，也站在一边看着你正在想什么。心意的力量应该要专注、要返回其自身。一如阳光穿透深暗处，暴露了它们最深处的秘密一样，这专注的心思也会穿透内心最深处的秘密。因此，通过这种反思，我们就能找到信仰的基础。我们有没有灵魂，生命是短暂的还是永恒的，宇宙中是否存在一位神，或者更多的神？一切都将被启示出来。（1∶130—131）

心意的波动是粗糙的，故较为明显，我们可以感受到它，也较容易控制它。但是，那些更精微的本能呢？我们如何控制得了它们？当我生气的时候，我整个的心都成了一个愤怒的浪潮。我可以感觉得到它、看见它，才能够抓住它，控制它，与它搏斗；但是，除非我找到了生气的根源，否则，我是不会在这场战斗中真正取得完胜的。譬如，当一个人对我说了非常尖酸刻薄的话，我开始感觉到我的怒火在燃烧，如果他继续挑衅，最终我会变得异常愤怒，这时候就会忘了自己是谁，反而认为我就是愤怒本身了。当他一开始对我出言不逊时，我心想，"我要生气了"。愤怒是一回事，而我又是另一回事，还能分得清。但是当我在生气的时候，我就成了"愤怒"。这些情感必须被控制在胚胎状态，被控制在根源与精微的形态，甚至控制在意识到愤怒发动之前。对于大多数人来说，这些情绪的精微状态，即刚开始从潜意识里冒出来时，是极不容易被察觉的。当一个气泡从湖底开始向上冒的时候，我们看不到它，即使它快要浮出水面时，我们也很难发觉。但是当这个水泡破了，激起涟漪的时候，我们才知道它在那里。只有在细微的根源处揪出它们，我们才能成功处理这些波动；只有揪住它们，在它们变得粗暴之前，控制它们，我们才有希望可以完美地征服任何情绪。要控制我们的情绪，就必须控制它们的根源，只有这样，我们才能烧掉愤怒的种子。正如烧熟过的种子埋进了土里，永远也不会冒出芽来，这些愤怒的情绪，也永远不会再出现了。（1:241—242）

每一个恶念都会反弹。你所怀有的一个个仇恨的思想，即使把它深深放入心灵的洞穴里面储藏了起来，然终有一日，它也会以某一种痛苦的形式，携带着巨大的能量返回你的生活当中。如果你的心里满是仇恨和嫉妒，那么仇恨和嫉妒也会加倍回还给你。（1:262）

当生活看起来很安逸，当一切都是顺利的时候，你们会发现自己的心态良好。但是，一旦出现了差错，你们的心就立刻失去了平衡。这不是好事。忍受所有的邪恶和痛苦，不要有任何的抱怨、不快、反抗、伤痛或报复。这才是真正的忍耐，你们必须学会。（8:110）

罪犯之所以是罪犯，不是因为他想成为一个罪犯，而是因为他的心意不在他的操控之下，因此他是他自己的意识和潜意识的奴隶，也是其他每一个人的心意的奴隶。（6:29）

每天坚持这样的想法："我不是心意，我看到我在思考，我在观察我的思想与行为。"每天坚持，你与思想和情绪的认同感就会逐日减少，直到最后，你能够完全从心意当中分离出来，真正地知道它与你是分离的。当你这样做的时候，心意就如你所愿，成为你可以操控的仆人。身为瑜伽士的第一步，就是超越感官，而当心又被征服时，他就达到了极高的境界。（8:48）

一心不乱

我们是如何知道自己的心意专注、心神凝定的呢？是在时间观念消失的情况下。忘记时间流逝得越多，意味着我们越专注。在日常的生活中，我们看到，当人们津津有味地阅读一本喜欢的书时，时间就被忘记了；当人们放下书本时，常常会惊讶地发现，几个小时就这么快地过去了。所有的时间，都交汇与集中到当下的这个点。因此，当过去、未来与现在在一个人那里都合一的时候，就可以说是全神贯注了。（1:273—274）

深度冥想的状态，就是存在的最高境界。只要自身还存有一丝的欲望，就不会有真实的快乐。只有处在深度的沉思与冥想，又仿佛目击事物时，才能给我们带来真正的欢愉和快乐。动物的乐趣，在于感官的满足；人的乐趣，在于智性的启迪；而神的乐趣，则全在于心灵的冥想，只有灵魂达到了此种冥想的境界，才会觉察到世界原本是如此的美好。对于无欲无求、与世无争无染的人来说，自然与社会的无穷变化才是美的景象、是崇高与浩瀚的生命全景。（1:186—187）

当一个人分析自己的心意进行内观的时候，就如自己与自己相遇，因为某种永远不会被毁灭的东西，并因为其本性的永远纯粹与完美性，他就再无痛苦，也再无烦恼。所有的痛苦都来自恐惧，来自不可遏制的欲望。当这个人发现自己不死之际，他就不再害怕死亡；当知道自己是完美的时候，就不再有徒然的欲望。因为此两种动机皆不存在，于是他就不再有任何痛苦，即使活在这个身体里面，他也会拥有完美的喜乐。（1:130）

有人说，通过控制内在的本性，我们就控制了一切。也有人说，通过控制外在的本性，我们就控制了一切。说到底，这两

种说法都不算错，因为本性并没有内外之分，这边界是子虚乌有
的。外在主义者和内在主义者，当他们把知识都推到极致时，注
定会在同一点上相遇，有个交集，正如一位物理学家，当他把他
自己的知识推演到极致时，他就会发现，这些知识必将融入形而
上学。同样，一位形而上学家也会发现，他所谓的精神和物质，
显然是区别开来的，但实际上，精神和物质又是一回事，是那个
"一"。（1:133）

每一次当我们控制了仇恨或愤怒的情感，就相当于积蓄了
对我们自己有益的正向的能量。那些能量将会转化成更高级的能
量。（1:223）

当我们的想象力足够强大的时候，大脑中的事物就具备了可
视的形象。因此，我们可以将自己的身体带入任何的一种或健康
或疾病的状态。当我们看外在的一件事物时，大脑中的粒子，就
会进入某一种状态，就像万花筒里面的镶嵌物一样。而记忆的结
构，就在于找回这种组合，以及大脑中相同排列的粒子。意志越
强，脑中的这些粒子的重置就会越成功。

只有一种力量可以治愈人们的身体，它就预先存于我们每
一个人的身上，而医学的功能，仅仅是在唤醒这种力量而已。疾
病云云，只是身体表现出来的一种抗争，要摆脱已进入身体的有
害毒素。虽然，这种摆脱毒素的力量，也可能会被药物唤醒，
但被思想的力量唤醒的效果可能会更持久。故"想象"必须坚守

健康、坚守强健有力的思想，以便在我们发病时能够唤醒健康的理想记忆，让大脑中的粒子重新排列到身体健康状态时的位置。这样，身体就会跟随着脑子思想，回归到健康状态。（6:133——134）

　　一个瑜伽士一旦获得敏锐的辨别力，所有的力量都会向他涌来，但是，真正的瑜伽士会拒绝这所有的神奇之力。来到他面前的，是一种特殊的知识，一种神奇的光芒，人谓之"法云"（Dharma-megha）或"德云"。世界上，已载入人类历史的所有最伟大的圣哲们，无一不拥有这些"德云"。他们在自身中找到了全部知识的基础。真理对他们来说是毋庸置疑的。当他们看破了那些虚妄的力量之后，和平、宁静与完美的纯粹，就成为他们自自然然的本性。（1:302）

第八章
行动，作为自我转化之道

积善成德

你越为他人的幸福着想，你就会变得越忘我。长此以往，你的心就逐渐被这些行为所净化，你将体会到这样一个真理：你自己的真我，是遍及所有的生命与万物的。因此，对他人的行善就是一种方式，一种展示真我，或阿特曼的方式。人们理当明白这一点，对他人的行善，就是一种灵性的实践，一种亲证神性、实现真我的修行。（7·112）

每一种施舍与慈善的行为都是伟大的，但如果你把这一切都说出来了，你就有陷入物质主义的危险。（4:239）

行动目标的洁净，只能通过对他人的行善来实现。（6:311）

哦，一个真正懂得人之神圣性的人，他的行事会是多么平静啊！这样的人，除了打开人们的双眼，启迪人们的智慧，就没有什么事是必须要做的，其余的一切都顺其自然。（8:261）

最关键的是弃绝，如果没有弃绝，就没有谁真能全心意地为他人而行动。唯弃绝者以平等的眼光看待一切，把自己投入其中，为众人服务。（5:382）

把每一个男人、每一个女人都当作神来敬重。凡事皆不能帮助到任何人，你只能服务他们、侍奉他们：你若是有机会，唯有以侍奉神的孩子的方式，侍奉到神自己。若神赐恩典于你，让你有了此类机会，能帮助到他的一个儿女，你就是有福气了，不要为自己考虑太多。你拥有了这个行善之机会，而他人则无，这就是你的福气。把事情当祭献与崇拜神一样来做，只管去做，我们要在穷人中看到神的存在，这就是我们的救赎，我们要去崇拜他们。贫穷和苦难皆为我们的救赎之门，好让我们通过侍奉来到我们眼前的一切或病或疯或癫或罪等表现不一的人，以便我们可以侍奉到神。我再大胆地说一遍，需要我们重复的话语就是，我们一生中最大的特权就是，我们被许以能够用各种方式侍奉神，请放弃那种凌驾于他人之上的想法，你就能够在这个世界上行善。（3:246—247）

把所有的光明都带到世界上来。光明！请带来光明！让光明照进每一个人的心田。只有每一个人都到了神的面前，这事情才算完。将光明带给穷人，将更多的光明带给富人，因为他们比穷人更需要光明；将光明带给无知者，将更多的光明带给那些受过高层次教育的人，因为在我们这个时代，受教育者的虚荣太大了！所以，你们要将光明带给众人，而把余下工作全然交给神，因为这同一位神是如此说的："你享有行动之权力，但切勿执着于行动之结果。"他还说道："切勿让行动为你自己结果子。然而，若无行动，你连片刻都不能够存在。"（3:247）

感谢神赐予你这个世界作为道德的健身房，助益你进步。然而，永远不要幻想你真的能够帮到这个世界。（7:69）

目标和手段

我在生活当中所学到的最深刻的道理就是：我们对行为的方式与行为的目标都要给予同样多的关注。（2:1）

为除去无明的面纱，除去束缚与幻觉的面纱，工作和崇拜是必要的。它们虽不能直接给我们以自由，但所有的事情都应当有一样的目的，我们自己这里若是没有付出努力，那么我们就无法打开我们的眼睛，无法看清楚我们自己的真实身份。（7:53）

行动，即在人世间做事虽不是宗教，但正确地行动与做事，却可以为我们带来自由。（7：69）

我们在做事的时候，适当地注意手段的完善与稳固，是必不可少的。唯有手段的完全正确，目标才能够达到。我们不要忘了，是原因产生结果，没有任何结果是自行产生的。除非原因正确、适当和有力，否则不会产生预期的效果。我们选择了理想的目标，手段也确定了，只要这个方法与手段是可行的、完善的，我们几乎就可以丢掉这个目标，因为我们确信手段完备，理想就会在那里出现。（2：1）

如果你以正确的方式努力工作，那么你一定就会成功。凡能专心致志于事情的人，他不但能在这件事上取得成功，而且通过此间的全神贯注，还能亲证至高的真理——梵。凡一心一意做一件事的人，自会得到神的护佑。（7：202）

如果你真想判断一个人的品格，不要着眼于他的什么宏伟大业，因为每一个愚者，都有可能在某种情势下成为一个英雄。观察一个人，要看他最为日常的行为。只有这些行为的细节，才会告诉你一个伟人的真实品格。（1：29）

让我们去行动

每当人们抵达一个更高的视域，他原先较低的视域就会自动消失，许多曾经在意的东西也就不值一提了。那些专注、真诚、精气十足的人，他们在一年中所做的事情，常常比一群乌合之众在一个世纪里面所做的事情还要多。如果一个人身上拥有能量，那么，其他人都会簇拥过来并获得能量，这就是法则。所以，只要我们保持热情、坚守真理之纯粹，而且真挚、心中有爱，成功终归是我们的。（8:346）

如果真能用心做事，即使是愚蠢的人也可以完成大任务。但是，一个聪明人，他还会把每一项工作变成适合自己口味的作品。没有哪一种行为是微不足道的。这个世上的每一件事情，它们都像一颗颗菩提树的种子，虽然形似一粒小小的芥菜种子，但却能长成一棵棵巨大的菩提树。若是注意到这一点，并成功地把这所有的事情都做得很出色的人，实在是很智慧。（7:508）

斤斤计较者，凡事都要抱怨。总是抱怨者，凡事不济，他会过得痛苦不堪。但是，奋力前行、尽职尽责者，他必见光明，并且能够逐渐担负更大的责任与使命。（5:242）

任何一项工作，都必经这样的一些阶段：先是嘲笑，接着反对，最后是接受。每一个走在时代前面的人，其思想难免会被误解。所以，我们欢迎一切的反对和迫害，只要我是稳定的、纯洁的，对神有大信心，那么，所有这些都会彻底消失、彻底瓦解。（5:91）

不愿把自由给到别人的人，他自己配得到自由吗？让我们镇静地、以男子汉的气魄与方式去行动，而不必把自己的精力浪费在那些鸡毛蒜皮的小事上。就我个人而言，我深信宇宙中没有任何力量可以阻断一个人得到与他匹配的东西。过去既是如此伟大，那我就坚信，未来必定更是辉煌。（4:366）

播种与收获

种瓜得瓜，种豆得豆。我们是自己命运的创造者，无须责备他人，亦无须归功他人。（2:224）

任何将导致某种结果的行为、活动和念头，都叫作业力。因此，业力法则就是因果律（The law of causation），即必然的因果关系。无论何时何地，有因必有果，这种必然性是不可抗拒的，而根据我们的哲学，这一业力法则或因果法则，是普适于整个宇宙的大法则。无论我们的所见、所感、所为，或在宇宙任何的地方采取的任何行动，一方面是过去行为的结果，而另一方面，这一切又转而成为一个新的原因，并将产生新的结果。（1:94）

依照你的原质本性让你行走的绝对必然之路，就是你的正道。我们每一个人，天生就秉有一种独特的性格，它是我们过去生命的结果。我们称之为转世的经历，或遗传的经历，不管我们怎么形容，我们都是过往的产物，这一点是确定无疑的，即借由过去可能的任何渠道而来。由此可见，很自然地，我们每个人都只是一种结果，我们的过去，就是它的原因。所以，在我们每一个人的身上，其实都有一种独特的生命过程，有一列自己铺设轨道的业力火车，因此，我们每一个人都必须为自己找到最后的出路。（4:52）

我们不贪图享受，却被享受所诱惑；我们要统治，却被统治所奴役；我们去行动，却被行动所束缚。无数世纪以来，我们发现，此类现象在生活中无处不在。我们常常为他人的思想所左右，我们又总在试图以自己的思想影响他人。我们想要享受生活的乐趣，而这些乐趣却吞没了我们的活力；我们想从自然与天性中得到一切，但最终却发现，我们反而被它们夺走了一切——慢慢耗竭了我们的生命，然后我们被抛下。（2:2）

一旦我们到了无执的境界，我们就能够洞悉宇宙的一切神奇奥秘。它是如何能够在最强烈的行动和不安中，保持洞穴一般的宁静与安稳，能够在时时刻刻的活动中，保持分分秒秒的寂静。这就是宇宙的最高奥秘——主客一体，有无并生。（1:442）

意志

一件重要的事是否顺利在进行，在时机、耐心与不屈不挠的意志当中，都会表现出来。（5:93）

对那些心灵甚为狭小的人，你能够希望他们做些什么呢？这样的人必定一事无成。如果你想横渡重洋，你必须备有钢铁般的意志。如果你要翻越群山，你必须足够坚定、足够强壮。（6:297）

你有征服障碍如同征服高峰一般的意志力吗？如果全世界都站出来反对你，拿着刀剑威胁你，你还敢凛然无畏地去做你自己深心认为是对的事情吗？（3:226）

责任

我们必须把自己的本分事情做好，这是离我们最近的职守，它就在我们的手中。我们必须这样，让自己越来越坚强，一件件做，走一步，再走一步，逐渐增强我们的实力。甚至我们有可能达到一种这样的程度，在自己的人生中得到了一种权利，我们将履行社会生活中最令人垂涎、最引以为傲的职责。（5:240）

凡使我们趋向神圣的行动，都是善的行动，就是我们的责任；凡是让我们远离神圣的行动，都是恶的行动，就不是我们的责任。从主观的角度来看，我们明白，某些行动能够使我们得以升华、让我们变得高贵；而另一些行动则会使我们堕落，使我们变得野蛮。但是要我们确定无疑地说明，哪一种行动具有哪一种倾向，并且适用于所有的人，所有的情形，则是不可能的。然而，只有一种关于责任的观念，它早已被所有时代、所有宗教、所有国家的所有人所普遍接受，这一观念用梵文格言表达出来就是："不要伤害任何的生命。不伤害生命是美德，伤害生命则是罪。"（1:64）

行动的艺术

唯有懂得服从的人，才真正懂得指挥。首先要学会服从。在西方国家，已经有如此高度的独立精神，服从的精神也是同等的强大。（6:349）

行动要像狮子一样勇猛，又要如鲜花一般温柔。（6:332）

越少感情用事，工作就越顺当。越平静淡定，对我们就越好，工作效率也就越高。一旦随心所欲，就会浪费大量的精力，破坏我们的神经，扰乱我们的思绪，与此同时，我们的效率就会极其低下，能够完成的事情也是少之又少。只有当我们心意平静，注意力集中时，我们才能做好事情。如果你阅读世界上那些

最伟大的创造者们的生平传记，就会发现，他们无不具有极冷静坚定的性格。（2：293）

我们不应依据他人的职业之性质对他做出评判，而应依据他人对其履行职责的方式与态度对其做出评判。如果一位鞋匠能在较短的时间内，生产出一双漂亮而质地结实的鞋子，根据他的专业水准与敬业精神，比起一位整天都在扯淡的教授来说他要强很多。（5：239—240）

真正成功的管理，在于能让每一个人都发挥各自的才华，尽心尽职。（8：455）

无须追逐，亦无须逃避，接纳发生的一切。你若不为一切所动，你就是自由的；不仅仅要忍耐，更要明白何谓不执着。请记住一个关于公牛的故事：一只蚊子长期居住在某一公牛的一只角上。某一日，它良心发现，深感不安，于是，它开口说道："公牛先生，我住在你这里已经很久很久了，也许我一直在打扰你。非常抱歉，我想我应该离开这里。"但是公牛回答道："哦，不，那根本没什么！把你的整个家族也迁移过来吧，可以一起居住在我的这只牛角或那只牛角上。你们所做的，难道对我会有什么妨碍或影响吗？"（7：14）

那些没有任何私我意识的行动者，他们只为世界利益而行动。这样的人百毒不侵，他不受邪恶的影响。只管行动，而不求回报，只管行动，而无所执着，这样才会带来那种无上的喜乐与自由。（5:249）

正如湖水打不湿莲叶，任何工作、任何事情也束缚不了无私者的心。因为他已经放弃了对结果的执着。这样一位无私而不执着的人，他即使生活在蛾摩拉、索多玛这样罪恶之城的中心，也不会受到罪的任何影响。（1:60）

你一直都是纯洁的、自由的，你是存在界的目击者。我们的痛苦，不是来自行动，而是来自我们对事物的执着。譬如财富，室利·克利希那说过，财富是一个好东西，可以拥有可以赚，那么就努力去赚得它，但是，不要执着于财富本身。同样道理，孩子、妻子、丈夫、亲戚、名望，一切的一切，你都无须回避它们，只要不卷入执着。如果允许我们有一种执着，那就执着神，再无别的。为他们工作、爱他们、恩待他们，如果需要的话，可以毫无顾惜地为他们牺牲一次又一次的生命，但是，切切不可执着。（4:96）

任何一件你被迫做的事，都会让你形成某种执着。你为什么要有责任的负担呢？把一切都交托给神明吧！在这巨大火热的熔炉中，责任的烈焰炙烤着每一个人。饮了这杯神圣的甘露，快乐起来吧！我们都只是在践行神的旨意，无关赏罚。你若想得到奖赏，你也必须接受惩罚；摆脱惩罚的唯一方法，就是放弃奖赏。摆脱痛苦的唯一方法，也就是放弃对幸福的念想，因为这两者是相互依存的。有幸福，必有痛苦。有生，必有死。超越死亡的唯一途径，就是放弃对生命的贪恋，生命和死亡是一回事，只是观看的角度不同而已。没有苦恼的快乐或没有死亡的生命，这些观念只适合哄哄小学生和小孩童。但在真正的思想家看来，生与死、苦与乐都是彼此对立的矛盾统一体，二者都应同时放弃。（1:104）

伟大的行动

一个人的行动力必须发自内心，这样，事情如果是正确的、有益的，那么整个社会就会为之而转向，即便在一个人死后的几百年，亦当如此。我们必须全身心地把自己投入到工作当中去。（6:301）

纯洁、耐心和坚定的毅力，是通往成功的三大要素。比此三者更重要的，则是爱。（6:281）

历史上，富人做出过什么伟大的事情吗？做事的永远是人的心和脑，而不是钱包。（6:302）

第九章
智慧的养成

第一步

我们首先需要照顾好自己——这是我们必须得做的事情，为此，我们可以暂时放下对别人的照顾。让我们完善自己，只要完善了自己的方法与手段，目的地就会自然而然地抵达。只有我们自己的生活是美好而纯洁的，世界才能美好而纯洁。这是一种结果，而我们就是一种方法、一条道路。所以，让我们首先净化我们自己、完善我们自己！（2:9）

责任很少令人愉悦。唯有用爱来润滑责任的轮子，它才能顺利运转。否则，它就会产生持续的摩擦。（1:67）

要想进入这等光明的境界，就必须把所有"小算盘"式的信仰打包，统统丢掉，然后才能通过神圣的门槛。这并不是说你不能得到你所祈求的。你能够得到一切，但这仅仅是低级的、庸俗的、乞丐式的信仰。（7：83—84）

因此，要相信自己。如果你想要物质财富，那就要用工作去获得，而且必将有所收获。如果你想学富五车，那就要在智力层面上努力，你必将成为知识的巨人。如果你想获得自由，那就往灵性方面去努力，你必将得到自由。（3：427）

总想着天上会掉馅饼的人，终将一无所成。如果你认为那是正确的、好的东西，就立刻用行动去争取。对未来患得患失，那有什么好处呢？生命是如此之短暂，如果你一直在犹豫，预测与计算它的结果，还有什么是可以完成的呢？神是唯一的最终结果的分配者，一切都交由他去做吧，你怎么处理它呢？别东张西望，你的任务就是，继续行动！（6：455）

除了神，我们切不可执着于任何一件事。洞悉一切，尽力而为，但不可执着。一旦出现过度的执着，一个人就会失去自我，就不再是自己的主人，反而成了奴隶。如果一个女人对一个男人极度依恋，她就变成那个男人的奴隶，一旦成了奴隶就太糟糕了。在这个世界上，当然有比做一个人的奴隶高明很多的事情。爱一个人、善待一个人，但莫使自己成为他的奴隶。首先，执着会使我们堕落；其次，执着使我们变得自私。就是因为这些弱点，我们才会以伤害他人来换得对自己所爱的人的善待，把自己的快乐建立在他者的痛苦之上。在这个世界上，许多恶行都是通过依恋与执着某些人来实现的。因此，除了善行，放下所有的执着，把全部的爱，给到每一个人。（4:6）

习惯了独处的人，若将他带入世界汹涌的旋涡中，他是会被压垮的。这正如存活在深海里的鱼，如果捞出水面，就会碎裂，因为它失去了维系它的水压。反之，习惯了忙碌的人，假如置身于一个静谧之处，他能否还安然自在？他很可能苦不堪言，无所适从。理想的人当是这样的：他既能在最为寂静和孤独中发现最为强烈的行动，也能够在最为强烈的行动中发现沙漠般的寂静与孤独。（1:34）

在你的内心，让自己保持一种积极的快乐，如果忧郁的念头来袭，就一脚将它踢出去。（6:130）

"精神会不会因死亡而崩溃，心灵会不会被沮丧击垮？"诚然，一开始的这种想法，会使你的精神崩溃、悲观与绝望的想法也会占据你的整个脑海。但是，只要你坚持下去，让日子照样行过，然后会怎么样呢？你会发现一种崭新的力量已经悄然进入你的内心。正是不断想到死亡，给了你一个新的生命，并且使你的思想变得越来越深刻。（5:329）

我们的目标，是将灵魂从所有对象，即精神与肉体当中分离出来。当达成这一目标时，灵魂就会发现它一直都是独立的，它不需要任何人来使它快乐。一旦要靠别人来使我们自己开心，我们就让自己成了奴隶。（5:329）

莫要怜悯任何人，要平等看待所有人，洗净你自己心中的那种不平等的原罪。究竟而言，我们皆是平等，故绝不要认为："我是好人，你是坏人，我要来救赎你、来感召你。"平等是自由的标志。（8:18）

念头，命运的推动力

每一个念头，都是推动着我们前行的力。故让我们的头脑充满最高尚的思想，日复一日地倾听它们的声音，月复一月地对它们进行沉思。不要介意失败，失败乃人生之常态，它们正是生命的美丽之处。如果没有它们，人生将会是怎样一个无聊的样子？人生如果没有奋斗，就不值得拥有，而生命的诗意又在哪里呢？所以，不要在乎那些挣扎与错误。到目前为止，我从未听说过一头牛会撒谎，但牛毕竟是牛，虽然它并不撒谎，但人则全然不同。所以，别在意这些失败，这些小小的退步与错误；坚持理想一千次，纵使失败一千次，依然可以再试第一千零一次。人的最高理想，是在万物之中看到神。但是，如果你还不能在一切事物中看到他，那就专注在一件事、一个人上去看他，在你最喜欢的那件事、那个人上能看到他，然后在其他的事、其他的人上也能看到他。就这样，走一步，再走一步！在看见神之前，你有无穷的人生，用好这些时间，逐渐行来，你就会达成最终的目标。（2：152—153）

如果你醒时梦时都在想念着什么，那么，你就会创造出什么。如果你想的是地狱，你死时就会看见地狱；如果你想的是恶魔，你死时就会看见撒旦；如果你想的是鬼魂，你死时就会遇见鬼魂。你想什么，你就会成就什么。故此，如果你不得不想，那你就去想善的，想最伟大的思想。如果你想当然地认为自己是弱小的，那你也自然会像虫子一般弱小。我们认为自己软弱，我们就变得软弱，而不可能变得更好。假设我们熄了灯，关了窗，然后说房子一片漆黑，这对我们有什么好处？说自己是罪人？想想吧，这是何等荒唐！如果我处在黑暗中，那很简单，让我自己把灯点亮。（8：130—131）

在这个宇宙里面，我们就生活在浩大的生命之流所构建出来的无数的生死当中，没有什么会真正失去，甚至每一个念头都被思想着、被表达着，不管是公开的，还是隐秘的，不管在拥挤不堪的街道，还是在幽深的森林里面，它们都在坚持尝试，以成为自我的实现，直到它们真正地表现了自我为止。它们奋力表达，没有什么能够扼杀他们，什么也不能把它摧毁，即使是在那些过去的时代所造成的邪恶思想，也一样地在寻求表达、寻找实现，

借着反复的表达与过滤，最后脱胎换骨，臻抵至善。（6:354）

身体只是以较粗糙的形式存在的心灵，而心灵则是由更精致的层面、更细微的层面所构成的身体。故当人们对自己的心灵有了完美的控制时，他也一定控制住了自己的身体。（6:140—141）

不幸的是，在这一生中，绝大多数人都在毫无理想的生之黑暗中摸索着。如果说，一个有理想的人会犯一千个错，我确信一个没有理想的人就会犯五万个错。因此，最好有一个理想，我们必须尽可能多地倾听这个理想，直到它进到我们的心中，进到我们的头脑，进到我们的血脉，直到它融入我们的每一滴血液、渗入每一个毛孔当中。我们一定要深度地冥想它。（2:152）

很少有人了解思想的力量。如果一个人进入一个洞穴，把自己关在里面，冥想一个真正伟大的思想，然后他溘然长逝，他冥想过的那个思想将会穿透洞穴的厚墙，思想之波开始弥散与震荡，穿越时间与空间，直至渗入整个人类世界当中。这就是思想的力量，不要急急忙忙把你的思想传给别人。你必须要有所给的思想内容，唯此才能帮到他人。因为教学不是谈话与聊天，也不是为了传递教义，教学在于思想的交汇与分享。灵性可以像我给你一朵花一样分享出去。从字面意义上讲，确是如此。（4:177—178）

在摩耶的背后

我们所遭受的痛苦来自无明，来自真伪不辨。我们常常以恶为善、以假作真。灵魂是唯一的实体，但是我们却置之脑后。身体是虚幻的梦，我们却认为我们自己都是身体，把它当作真实的。没有分辨力是痛苦的根源，它源于无明。一旦拥有了分辨力，它就会带来力量，我们就可以避免受种种关于身体、天堂和诸神等不同观念的干扰之苦。（1:287）

如果你真的明白自己肯定不是这个身体。那么你就再也无须争斗什么，或反对什么，你所有自私的观念，也就彻底地断灭了。（3:84）

心意把各种各样的幻觉都带到了我们的面前——身体、性别、信仰、种姓、不自由，等等。所以我们必须不断地对其宣示真理，直到它真正明白。我们的真实本性是喜乐，我们所知的一切俗世的快乐，都只不过是那触摸到我们真实本性的那种喜乐当中的一个影子、一个小小的原子而已。（8:7）

现在，只是过去与未来的分水岭，所以，我们不能自以为是地说我们只关心现在，因为撇开了过去和未来，现在也不复存在。它们是一个完整的整体，过去、现在、未来这种时间的观念，只是以我们所能理解的方式，先天加给我们的一个认知条

件。（8:9）

身、心、灵三者，实际上并没有本质的分别，它们只是我们体验那同一个"唯一者"的不同阶段。譬如，通过感官，这个世界就被我们视为物质；因为邪恶，这个世界如同地狱；因为善良，这个世界如同天堂；然而，因为完美，这个世界实际上就是神。（5:272）

生命的最高境界，就是主体与客体的合而为一。当我既为听众，又为言者时；当我既为导师，又为门徒时；当我既为造物主，又为被造物时，任何一种惧怕都会烟消云散，再也没有什么他者的存在令人心生畏惧了。这一切全是我自己，难道自己还会吓倒自己不成？这是我们日夜都不能忘记的，余者皆需抛置脑后，摒除一切杂念，并且反复地诵念："我就是他，我就是他！"（I am He），让此声音源源不断地灌进耳朵、浇入心田，直至渗透我们的每一根神经、每一块肌肉与每一滴血液当中。甚至，到了死神的大门口，你也要记得告诉自己："我就是他！"（3:25—26）

当我们放弃欲求时，我们才能理解并且享受这个神的宇宙。而后，一切都会变得神圣。那些我们所认为的黑暗与不圣洁的角落、走廊与阴影的地方，也都会被神化。他们会显露出真实的本性，我们会对自己微笑，意识到曾经所有的伤与痛，都只不过是儿戏，而我们只是站在一旁，目击这一切的发生而已。所以，吠檀多说，你的工作也是如此。它首先建议我们如何工作——通过放弃——放弃表面的、虚幻的世界，这意味着什么？神无所不在。因此，只管做你的工作！（2:149）

破除陈规

只有那些愚者才会一心追求感官世界的享受。生活在感官层面是容易的，而在旧生活的槽里，吃吃喝喝，醉生梦死更是容易。隐藏在感官里面的是死，只有精神层面的生命，才是唯一的生命，任何其他层面的生命，都披着死亡的尸衣。故此，不妨将整个人生的过程视为一个演技场，若是要享受真正的生活，你就必须超越它。（5:267）

理想中的我们应该是具有广大心灵的人。事实上，世界的苦难皆源于我们的狭隘与片面，以致我们不能互相认同。你可以想象一下，一个人从大地的深处往上看太阳，或从矿井的里面往上看，他所看到的太阳只是一个小小的侧面。另外一个人则是从地面上看太阳，再有一个人是透过半山腰的云雾来看太阳，最后一个人是在高山顶上看太阳，对每个人来说，看到的太阳各不相同。实际上都是同一个太阳——尽管不同的视觉有不同的呈现，但客观的实体终究只有一个，就是太阳。（6:137）

这个身体，如果你愿意，就尽量保其长久。但如果你不乐意，那就尽管放下它。因为只有无限者才是真实的，而一切有限的存在，皆是短促的嬉戏。（2:471）

一个人若想成为一位智慧瑜伽士，他首先必须克服恐惧，因为恐惧是我们的头号大敌。随后的那一步，就是不要轻易去信仰，除非你理解了信仰的本质。你要不断地告诉自己，说："我不是身体，我不是心意，我不是思想，我甚至不是意识。我就是阿特曼。"当你能够抛开这一切时，留下的只有真我。（8:4）

每一个人都会死去，无论何时何地，牢牢记住这一点，然后，内在的灵魂才会苏醒过来。（5:329）

真理、理性和启示

你需要独立思考。盲目的信仰不能够拯救你，你必须自我救赎。（7:86）

违背理性的信仰，岂不是极大地亵渎神明吗？我们有什么权利不使用神所恩赐给我们的最上好的礼物呢？我们相信，神宁愿赦免一个会运用理性而不能笃信的人，也不会赦免一个只是盲目信仰，却不使用神所赋予的能力来探索的人。（6:12—13）

启示比理性有着更高的来源，但是，启示永远不反对理性。理性是粗陋的工具，只做艰辛之活计；而启示则不然，它是可以给我们带来一切实相的强烈之光。至于做事的一种意志，则未必就来自启示。（7:91—92）

人类知识并不和人类的幸福相抵触。相反，唯有知识才能在生活的每一个领域拯救我们。我们了解得越多、越深，对我们就越好。（2:355）

我要把真理比作一种具有超强摧毁力的物质，它掉到哪里，哪里就会被烧掉。软的物质烧得快，硬的物质烧得慢，被摧毁掉是必然的。（5:71）

为了能够从生命当中的种种不协调之事物那里获得意义，我们必须超越理性。但是我们一定要循序渐进、认真笃行，同时，必须摆脱一切盲信、迷信。我们要像研究其他的科学那样，来研究人类的超意识状态。我们必须以理性为基石，遵循理性所指引的方向。当理性失效之际，理性本身会指引我们向着最高层面的道路前行。当你听到一个人说："我受到了神的启示"，然后非理性地胡言乱语时，不要去理会他！为什么呢？因为本能、理性和超意识，或者说无意识、显意识和超意识，这三者状态属于同一颗心灵。一个人并没有三颗心，而只能是由一种状态过渡到另一种状态。本能发展为理性，理性发展为超意识。因此，任何一种状态，都不会与其他的两种状态矛盾。真正的启示，从来不会违背理性，而是满足理性的需要。诚如伟大的先知所说的那样，"我来，不是为了毁灭，而是为了实现"，所以，启示总是来满足理性的，并与之相互协调。（1:184—185）

伟大的真理都是简洁的，因为真理普遍适用。真理本身总是质朴而纯粹，复杂只是因为无知。（6:35）

"安逸"远远不能检测出真理，相反，真理经常逃离了"安逸"。如果一个人确实打算追求真理，那就不能贪图安逸。放下一切，谈何容易，但智慧瑜伽士却必须去做，他必须变得纯粹，丢弃一切欲望，与肉身不再认同。只有这样，更高的真理才能在他的灵魂中熠熠生辉。（8:14）

瑜伽修行者的核心观念是，我们既然能够直接接触到感官对象，那么，宗教也能够被我们直接感知，只不过，这种感知更强烈、更深入。（1:232）

宗教也需要借着理性的发现，来证明自己的合理性吗？就像理性适用于其他的每一种科学那样来证明自己？那些适用于外部世界的科学与知识之获得的考察方法，也同样适用于宗教吗？在我看来，一定是这样的，而且我还认为越早这样来研究越好。如果经过理性的考察，宗教就被摧毁了，那么只能说明它本来就是无用的、不值得去深信的精神之迷途，让它消失得越快越好。我完全相信，这种"宗教"摧毁，可能是它最好的归宿。毫无疑问，所有的糟粕都将被带走，但是，宗教的精华部分，却将在理性的考察当中胜出。这不仅使它科学化即理性化——至少，如同物理学，或化学的那些结论的得出一样——而且使它变得更有力量。因为无论物理学还是化学，都不具有内部的使命来保证宗教所特有的那种真理。（1：367）

当心灵与大脑相抵触时，请跟随你的心灵。因为大脑的智力只有一种状态，即理性，在这种状态中，智力只是做自己的工作，它并不具备超越的能力。而引领一个人往最高层面上走的，是心灵，智力永远无法企及那个层面。心灵可以超越智力，抵达人们所说的启示的境界。（1：412—413）

防微杜渐

一些现代科学家否定神秘现象，胜王瑜伽却认为那些难以解释之现象确实存在。然而，另一方面，它既温和却又毫不含糊地告诉那些迷信者，那些奇迹、感应、以及信仰的力量，尽管确有其事，但通过迷信的解释，把它们归于高坐云端的天神或诸神的使者等，并不能理解这些现象。胜王瑜伽宣称：每个人都是，也仅仅是深藏于人类背后的知识和力量的无限海洋的一个通道。胜王瑜伽指出：人类的欲望和需求存在于人自身，而且，满足欲望和需求的动力，也来自人自身。无论何时何地，当人类的某一个欲望、某一个需求，或者某一个祈祷得到满足时，这些满足都来自人自身的知识和力量的库藏，而非任何什么超自然的存在。虽然，超自然的观念在某一程度上可能会唤起人们的行动力，但是，同时它也可能带来精神的下坠与腐败。它使人们养成了依赖，产生了恐惧，导致了迷信，并蜕变为一种可怕的信念，即，相信人本性的虚弱。瑜伽士声称，并不存在任何超自然的力量，但是，自然中存在着粗糙的或精微的显现（Manifestation）。那精微的是原因，而粗糙的是结果。粗糙的，很容易被感官感知；而精微的，则并不如此，它不易察觉。（1:121—122）

在这些瑜伽体系中，任何秘密、神秘的东西都应该被摒弃。就人生而言，最好的向导就是力量。在宗教中，和在所有的其他事情那里一样，抛弃一切削弱你的事物，那些削弱你的与你毫不相干。兜售神秘主义的贩子（Mystery-mongering）削弱了人类的头脑，它几乎摧毁了这样一门宗教科学。（1:134）

那些灵性力量的出现，其巨大的危险在于，人可谓是贸然的、跌跌撞撞地获得它们，却不知道如何正确地使用它们。人们没有经过任何的训练，也不知道自己身上发生了什么。所以，其危险就在于，他们在使用这些心灵力量时，性的感觉却被异常地唤醒，因为，这些神秘力量实际上是以性为中心制造出来的。（6:131）

所有的秘密社团和骗子，都想让男人和女人变得肮脏、软弱与狭隘。软弱者没有任何意志力，不能成就任何事情。因此，这些都是没有意义的。所有这种虚假的神秘之爱的念头一旦萌动，就应当立即克制住它。若一个人尚有一丝的不纯洁，他就无法做到虔诚。不要试图用大量的玫瑰花来掩饰溃烂的伤口。你以为你能够瞒得过天神吗？无人能行。给我一个简单而正直的男人或女人吧，但我需要祈求神灵的帮助，让我远离那些神秘的幽灵、飞翔的天使与恶魔，就让我做一个平凡而善良的普通人吧。（4：58）

智慧之道

在我们面前有两条路：一是无明之道，无知者认为只有一条道路可以通达真理，其余的全是错的。另一条是智慧之道，智者承认由于我们的心理构成或所处的层面不同，责任和道德可能有所不同。关键是要知道，职责和道德层次是分明的，即便在同一境遇中，一种生命状态中的责任，不会也不可能是另一种生命状态中的责任。举例说明：所有伟大的导师都告诉我们，"勿抗恶！"或"不要跟恶人作对！"（Resist not evil）。这里的"不抵抗主义"（Nonresistance），是最高的道德理想。我们都知道，如果一些人试图把这一准则完全付诸实践，整个社会结构就会分崩离析，恶人就会为所欲为，任意侵占我们的财产，并危害我们的生命。哪怕让这种"不抵抗主义"奉行一天，也会招致巨大的灾难。然而，凭直觉，在我们的内心深处，我们觉得"不要抗拒邪恶"是真理，对我们而言，它似乎是我们的最高理想；但单纯告知这一原则，却会使大多数人陷于不幸之中。不仅如此，它还会让人们总觉得自己行为不当，导致他们在一切行动中良心都不得安宁，这势必会削弱他们的行动力，而且这种持续的自责，较之其他任何弱点，会助长更多恶习。一个人一旦开始憎恨自己，堕落之门就已经向他敞开了，一个国家也是如此。（1:37—38）

我们所得到的，一定是与我们相匹配的。当人们说世界是恶的，他们自己是善的，这完全是没有基础的谎话，事实不可能是这样。我们要提醒自己，这是一个可怕的谎言。这是我们需要学习的第一课：请于内心起愿，不要诅咒任何外物，不要责怪任何他者。而要做一个男子汉，站立在天地之间，勇敢地承担各种罪咎。你会发现，这样做是正确的。你要自己掌管自己的命运！（2:8）

我们时不时地看到，这个世界最优秀的人，几乎都会遍历坎坷与磨难。这或许颇令人费解。但这也是我的亲身经历。此间的万事万物，其核心一直都是美好的，无论它的表面如何跌宕起伏，但每件事的背后、在它的心灵深处，皆有着无限的善与爱作为基础。只要我们还没有达到那个境界，我们就不免动摇不安、备受折磨。但是，一旦我们抵达一个平静的地带，那么，任其狂

风骤雨，我们自是岿然不动！（8:296）

　　鉴别一件事情的好坏，其唯一的标准，就是看它是否让我们的内心更加强大。（8:185）

　　极不可思议的事情是，几乎世上的每一个伟大的思想，都有可能被一些人带往一个令人生厌的极端。（3:67）

　　只是在一条直线上行走，人是不可能获得任何进步的。正如我们所知道的那样，每一个灵魂都在一个轮回中流转，可以说，它必须得完成这种轮回之旅。故没有灵魂能够一直走低，终有一日，它不得不向上。看起来，它好似在直线坠落，但它必然会盘旋上升，以完成自己生命的圆满。我们都是从同一个中心里来，那就是神，我们是从他那里投射出来的，从哪儿来，必将回到哪儿去，在完成轮回之后，我们的灵魂也必将回归于这个中心。（5:271）

　　在吠檀多那里没有原罪。人有错误，但无原罪；而且，从长远来看，一切都会趋向完美。没有撒旦——没有这类无稽之谈。①吠檀多只相信一种罪，那就是：当你认为你自己是一个罪

---

　　①　辨喜是服膺一元论的哲学的。一切都是同一个实体在演化，所以，从最终的结果来看，撒旦也是因你的软弱而来的想象，不是独立的，与神性有别的实体唯一需要人们克服的就是那种软弱、自责与恐惧秉性。——译者注

人，或认为任何其他人是罪人时，那便是罪，从这唯一的罪中，将衍生出其他所有的错误，或者我们通常所说的罪。我们在生活中会犯很多错误，但是我们仍将继续前行。荣耀归于犯过错误的我们！应该用更长远的目光来看待你过去的生活，如果你现在生活美好，那也是你过去的一切失败与成功所带来的，光荣归于成功！光荣也归于失败与错误！不要顾念你已做的一切，勇往直前吧！（8：126—127）

第十章
力量的忠告

无畏之助

如果你在奥义书里面发现一个词，它就像一个炸弹一般，能够炸开一大堆无知的东西，那么，这个词一定就是"无畏"了。唯一应该教导的宗教，是无畏的宗教，无论是在现实的世界，还是在宗教的灵性世界，恐惧确实是一切堕落与罪恶的根源，是恐惧带来了痛苦，是恐惧带来了死亡，也是恐惧，从它那里滋长出了各种各样的邪恶。（3：160）

记得要让你自己的大脑里面充满崇高的想法，即最伟大的理想，使这些崇高的理想昼夜在你的面前出现，那么，崇高的理想就会产生伟大的行动。切不可说我们不洁，而要说我们是圣洁的；切不可说我们有罪，而要说我们就是阿特曼（灵魂）。我们自出生那一日起，就对自己施了催眠术，使自己落入了那种极渺小的，相信自己业已出生又行将死亡的思想漩涡中，并且将自己置身于这一持续的恐惧之中。（2:86）

我们必须回到哲学，以哲学看待事物的本来面目，我们所有的苦难，皆来自我们自己的行为，这不是神的过错，我们作茧自缚，是我们自己铸成了自己的错误，而不是他者，为什么要归咎于神明呢？（6:53）

你必须认识到真理，并根据自己的特性亲自实现它……所有人都必须努力成为一个独立的人——自力更生，奋发图强，反省自我，并且亲证自我。只是吞食别人的教条毫无用处，这活像是战士入了囚牢一般，一齐站、一齐坐，所有的人吃着同样的饭，所有的人还都得同时点头。健动不息，是真生命；静止不变，那就是死亡。（6:65）

很多个世纪以来，人们一直被灌输着一些堕落的理论，他们被告知他们的无力与无能，全世界有无数的大众都被告知，他们失去了以人的方式存在的勇气。他们如此被恐吓，已经好几百年了，直到他们几乎变成了一种可怜的动物。他们永远不被允许听到阿特曼的声音。应该让他们知道，他们自己就是阿特曼——即使最卑微者，阿特曼永远不会死亡，也永远不会出生，刀不能

戮碎它，火不能焚毁它，风也不能侵蚀它——永恒不朽、无始无终、永远纯粹、无所不在、无所不能的阿特曼！（3∶224）

人生的秘密不在于享乐，而在于通过生活的动荡经验，得以成长与获得智慧。但是，何其悲哉！一旦我们开始真正学习时，即被自己叫停了。那似乎是一个为了未来的某种生存而所持的有力论据了。（5∶150）

谁的冥想是真实而有效的？谁可以真正地听天由命呢？谁能以主的名义，如霹雳一般发出不可抗拒的大能？就是他……那些借由工作，心灵已经被行动净化了的人。每一个个体，都是某种力量表现的中心。这种力量是作为我们之前行动的结果，而慢慢积蓄起来的，故我们每一个人生来即秉持这种力量。只要这种力量尚未表现与发挥出来，谁能够保持安定，并且放弃行动呢？在此之前，他必须得享用他自己种下的善果、承受他自己种下的恶果，并将不可抗拒地被推着去行动。既然享受和行动都不能放弃，那不如为善去恶，享受快乐，而不是遭受痛苦，那岂不是更好？（5∶449—450）

很少有人知道，为什么像爱自己一样爱他人一定会是好事。个中原因可在"非人格神"的观念当中找到。当你知道整个存在界就是"一"——宇宙的一体性时，你就能够明白它。众生休戚与共，伤害他人，就是伤害自己；爱他人，就是爱自己。这样，

我们就会理解，为什么我们不应该伤害他人。（3：129—130）

只要我们认为自己与神哪怕还有一丁点儿的差异，我们的心中必有恐惧；一旦我们知道自己就是这个"一"，彼时，我们还会害怕什么呢？恐惧就顿然消解。（8：10）

那些在生活中总是垂头丧气、萎靡不振的人，是不可能做好任何工作的。他们从生到死、再从死到生，无穷际的生命当中，都是哀号着来、呻吟着走。要知道，"世界为英雄们所享用"，这是一个颠扑不破的真理。做一个顶天立地的英雄吧！要不断对自己说"我无所畏惧！"，也请把这个道理告诉众人，告诉他们"不要害怕！"。恐惧是死亡，恐惧是罪恶，恐惧是地狱，恐惧是不义，恐惧也是憋屈错误的人生，这个世上所有消极的思想观念，无一不是出自这一恐惧的恶魔。（7：136）

站起来，要坚强

站起来，放大胆气，坚强起来！自己的责任自己承担，自己的命运自己做主。一切你所想要的力量和帮助都藏在你的心中。所以，自己来创造自己的未来吧。（2：225）

倘若身体和心灵上缺乏力量，阿特曼就不可能得到亲证。首先，你必须用营养丰富的食物来强健你的体魄，然后，心灵才会借此得到强健。因为心，正是身体最精微的部分。其次，你必须在自己的心灵与言语中保持坚定的力量。心中若一直重复着"我是弱者，我是弱者"那如咒语一般的想法，你就会让自己日趋渺小、日趋卑微。（7:135）

世界上最大的罪过，就是你认为自己是懦弱的、是无能的。在亲证梵这一点上，没有谁比谁更强大。除了你自己，没人可以赐你以力量。我们超越于太阳、群星，甚至整个宇宙。教导人的神性，拒绝原罪，此种原罪学说毫无意义。站立起来，然后对自己说道："我就是主人，我就是万有之主。"是我们为自己打造了这副锁链，也将由我们自己来摧毁它。（7:54）

活力的表现、生命的象征、希望的兆头、健康的迹象，凡一切美好的标志事物，都是力量。人活着，就必须要活得有劲，行动利落，心意坚定，手有力量。（6:62）

依赖他人者，不可能忠于真理。（5:72）

罪只有一种，那就是软弱。……那位灵魂从不软弱的唯一圣者，必是一位敢于直面一切、宁死不屈的人。站立起来，宁死不屈！……切勿蠢上加蠢，切勿把你的软弱加于即将来临的邪恶之上。这就是我要对世人道说的一切。要坚强！……你们谈论幽灵与魔鬼，而我们就是活生生的魔鬼。生命的象征是力量和成长。

死亡的标志是软弱。无论哪一种软弱，都要避免！因为那意味着死亡。即使上刀山下火海也要去获得力量！唯有勇敢，方可得救。"唯有勇士才配得上美人。"除了勇士，无人值得拯救。这究竟是谁的地狱？谁的命运？谁的罪？谁的软弱？谁的疾病？谁的死亡？如果你们要信神，就请相信真正的神。"你是男人，你是女人，你是步伐稳健的年轻人……你也是拄着手杖蹒跚而行的老人。"你是软弱，你是恐惧，你是天堂，你是地狱，你是会咬人的蛇。你恐惧、你怕死、你痛苦……所有的软弱，即所有的束缚，皆为幻相，一言以蔽之，软弱和束缚必将消失，不要怯懦！没有其他出路。……站起来，坚强起来！（1:479）

弱者永远无法抵达自由之境。丢掉软弱，告诉你的身体，它是强壮的，告诉你的心灵，它也是强大的，而且，更要对你自己有信心、充满希望。（1:146）

你们知道，在印度有种公牛车。通常是将两头公牛拴在一架车上，车把顶端有时会悬着一束稻草，虽近在咫尺，但公牛却无法触及。尽管公牛一直试图去吃这束稻草，但就是够不着。这正像我们在寻求帮助的情形！我们自以为能够从外界获得安全、力量、智慧和幸福。我们总是怀着希望，却从未实现过我们的希望。外界的东西对实现我们的希望没有任何帮助。过去没有，现在没有，将来也不会有。为什么要有呢？你们不是男人和女人吗？你们这些大地的主人难道还需要从外界得到帮助吗？你们不觉得羞愧吗？如果你的本质只是化为尘土的造物，你才会需要帮助。但你们是灵。把你们自己从困境中解救出来吧！——自己拯救自己！没有任何人可以帮到你——从来就没有过。若你认为有，那只是美丽的幻觉。幻觉对你没有任何好处。（8:131—132）

力量是救世的良药。力量是受侮辱与受损害者抗暴而必备的良药。力量是无知者挣脱学者压迫的良药。力量也是一些罪人防范其他罪人以暴政欺压的良药。没有什么比彻底的一元论观念更有力，也没有什么比这种一元论观念更合乎道德。再也没有什么比把所有的责任都挑在我们自己身上，能够让我们的工作更加出色、更加圆满的了。……如果把全部的责任都落到我们的肩上，我们将处于最佳与最高的生命状态。当没有他人去探索，没有撒旦来责备，没有人格神来分担我们的责任，而只有我们独自承担一切使命时，我们才能够达到最佳与最高的境界。……去弘扬这个道理、这个目标，告诉自己也告诉大家，“我们是神圣的”。当我们不断重复“我们是神圣的”，力量自然就会到来。最初摇摆不定的人们，也会日益强大起来，那种声音越来越洪亮、盈盈入耳，直至真理占据我们的心灵，穿过我们的血管，渗透到我们身体的每一个部位。当神圣的光芒越来越强烈，幻觉就会烟消云散，无知的负担也会渐渐落下。而当一切消遁之际，便是灵光独耀之时。（2:201—202）

为什么人们会如此害怕？答案是，他们是自己使自己落入了无助之境地，只能依赖于他人。我们是如此的懒惰，以致我们不想为自己做任何事情，我们想要一位人格神、一位救世主，或一位先知来为我们做所有事情。（8:131）

情绪的乐观，可以令人长久坚持而无有倦意；心灵的坚强，能够让人克服千难万阻，风生水起。而最艰巨的任务，却是要冲破摩耶这一巨网，为我们自己开出一条自由的道路，此等伟大的使命，则只有具备巨人一般意志力的人才能担当。（3:69）

一个行动瑜伽士当是这样的人：他明白，"不抵抗"是最高的理想；也知晓，这种"不抵抗"是实际拥有力量的最高显现，而且所谓的"抵抗恶"，不过是通往这一力量的最高显现之境界即不抵抗的第一步，在到达这一最高理想之前，人们的责任，就是抵抗邪恶；让他去行动，让他去战斗，让他直截了当地去反击。唯有当他获得抵抗的力量时，"不抵抗"才成为美德。（1:39）

勇往直前

无须频频回顾，犹豫不决——尽管往前走，带着无限的能量、无限的热情、无限的胆识、无限的耐心，勇往直前——只有这样，才能沿路花开，成就最伟大的事业。（8:353）

除非一个人走出他狭隘的小角落，否则任何伟大的想法，都不可能在他心中占有一席之地。（6:331）

我内心由衷地希望着，没有任何不幸降临到任何人身上。然而，正是历经各种痛苦的磨砺，才使得我们能够洞悉生活的深沉之奥秘。难道不是吗？唯有在我们痛苦的时刻，那闭锁的禁门似乎突然就被打开了，它让许多的光涌了进来。（8:466）

伟大的事业需要长期不懈、艰苦卓绝的巨大努力……最优秀的品格，必须经过千锤百炼才能形成。（8:383）

向恐怖致敬！向死亡致敬！与之相比，余者尽是徒劳，所有的努力与斗争都是捕风，这是人生最后的功课。不过，这不是被懦夫所爱的死，也不是弱者或自戕者对死的爱。它欢迎的是那些强者，他们能够到它的深处听懂一切秘语，知道其中的必然与唯一性。（8:266）

是迅雷疾风唤醒了我们，帮我们打破了这个梦境。它们告诉我们，这个世界是不完美的，使我们渴望逃离，俾以挣得那最高的自由。（7:79）

我一生大体之所见，无非如是：那些谨小慎微者，举步维艰，担心自己每一步都会跌倒；那些唯恐失去荣誉、失去尊重

者，最后尽是丢脸；而那些最害怕失败的人，其结果总是一败涂地。（8:433）

世事维艰，生命自有它严峻的一面。纵然前方障碍固若金汤，亦当开出你自己的道路，勇敢去穿越，不管如何，灵魂总是最强大的。它不会把责任推卸给小小神祇，因为你是你自己命运的造物主。是你让自己受苦，是你为善或为恶，是你自己亲手把自己的双眼蒙住，然后说漆黑一片。把手拿开，看看光明吧，你光辉灿烂，你完美无瑕，你原本就很完美。（2:182）

相信自己

最伟大的宗教是，忠于你自己的本性。在你自己那里建立起信仰的真实根基！（1:483）

我们的第一责任是：不要憎恨自己。因为我们要想精进，首先必须相信自己，然后再相信神，一个不相信自己的人，也绝不可能相信神。（1:38）

人们愿意怎么说就任他们说去，你只要坚守你自己的信念，坚定确信，世界就在你的脚下。别人说："要相信这个人，或相信那个人。"而我却说："首先你要相信自己！"要相信自己——所有的力量尽藏在你的身上——意识到它，并把它表达出

来。你要说："我能够做一切的事情，诸事皆办。"这才是你正确的道路。（6:274）

诚然，如果想知道阿特曼的秘密，想要救赎你的灵魂，想要真正解开生死之谜，就必须敢于闯入鬼门关，然后，你才能认识到不死的真相。是的，请带着一颗无畏的心，去到那里。恐惧是死亡，你必须超越一切的恐惧。所以，从今日起，你要成为无所畏惧的人。（6:472—473）

除了你自己，没有谁可以帮你。就像蚕为自己结了一个茧，把自己缚在里面，让谁来拯救它？作为自由的灵魂，像蚕一样破茧而出，化蛹成蝶吧！唯有如此，才能看见真相。（3:26）

"奋斗，奋斗！"这是我过去十年的座右铭。"奋斗！"我仍这么重申。陷入漆黑一片时，我会说："奋斗！"遇到光明破晓日，我仍要说："奋斗！"（4:367）

财富不能带给你任何好处，名誉也是；社会地位也无意义，知识与学问也是如此。只有爱才会让你真正受益，只有真正的品德，才能让你战胜重重困难，在金刚一般的硬墙上劈开一条生路。（4:367）

要自助，要学会如何形成自己独立的判断。（6:265）

我们应该依靠自己，这个断言的真正含义是什么？在这里，自己意味着永恒的自我。但是，即使是对非永恒的自我之依赖，也逐渐会把我们引导上正确的道路，因为个体的自我，原本就是错觉中的永恒之自我。（5:314）

盲目的信仰会使人的灵魂堕落。即使你是一个无神论者，也请不要盲目地相信任何宗教、不假思索地选择信仰。（4:216）

若是我在这里所说的话语，只是让你们相信我所说的，我深表遗憾。但是，若我的这些话语，能够激起你们反思自己的力量，我会深感欣慰。（6:64）

成为自由者，但不要对任何人抱有期待。我敢肯定，若是回顾一下自己的生活，你会发现，一心想从别人那里获得帮助，结果总是徒劳无功。记住，所有的帮助，皆因你自己的内在而来。（2:324）

在佛陀的思想里，没有神，只有人自己。他否定了神普遍存在的思想基础。他发现是神的信仰让人变得软弱与迷信，如果你向神祷告，希望神赐予你一切，那么，究竟是谁出去工作呢？神会出现在那些最努力工作的人那里，因为神只佑助那些自佑者。否则，神的观念就只会削弱我们的神经、软化我们的肌肉，使我们变成可怜的寄生虫。一切的独立都是可喜的，一切的依赖都是可悲的。人的内在有无穷的力量，人们能够意识到这一点——能够认识到自己是一个无限的自我。这是可以办到的，但你偏偏不信。你可以向神祈祷，但请保持你自己的精神永不懈怠。（8：101—102）

第十一章
消解私我

生命的法则

一切的扩充都是生命，一切的收缩都是死亡。所有的爱都是扩充，所有的自私都是收缩。因此，爱就是生命的唯一法则。爱者存，自私者亡。因此，为了爱而爱吧，因为它是我们人生的第一条法则，一如呼吸之于生命。（6:320）

你是真诚的吗？真诚于无私，直至死日？真诚于爱，无有穷尽？如果是，那就再无惧怕，至死不变！（5:43）

只有坚贞不渝的爱和完美的无私才能征服一切。我们作为吠檀多主义者，在人间的困难面前应该多多反问自己："为什么我

会看到这些事情？""为什么我不能用爱来解决它们？"（8：383）

人们的行为通常受两个因素的引导：权力和爱。凡展现权力的地方，必然展现着自私。世上所有的男女，都试图向他人展现自己的权力或优势。爱本身就是无上之境；要想获得最好的善，我们就要懂得爱与慈悲。甚至公平和正义，都应该建立在爱之上。（1：59）

一旦你把自己从人世中孤立出来，一切都会伤害到你。一旦你敞开怀抱、为他人着想时，你就会得到各种帮助。在这个世界上，那些自私自利的人，最为悲惨；而毫无私心者，反而最幸福。（2：465）

吠檀多哲学究竟是如何解释个体性的存在与伦理学的本质的呢？其实，真正的个体，就是绝对者；这种一个个的人格化的个体，是摩耶的产物。人格化只是表面上的，其本质，永远是绝对者。它实际就是那个"一"，但在摩耶的世界中，却是以"多"的形式呈现出来。在摩耶的幻境里面，存在着这种千变万化。然而，即使在这个摩耶的境界里，也有摄多归一的倾向，正如在每一个民族那里，他们所有的伦理学或道德哲学表达出来的那样。其原因就在于，绝对者是精神本质之必需、是灵魂的真相。它正在寻找它的统一性，这种努力要寻找的统一性，就是我们所说的伦理与道德的本质。因此，我们必须永远实践这种统一性。
（5：309—310）

光芒与影子中的我

顾念自己，注定难安。（6：266）

那不灭的永恒之爱，任何情势下都会无比安详、无比宁静，它完全摆脱了嫉妒或仇恨，拥有完美的自由意味，我们将会知道这一点。是的，一切尽在于此，再无其他。（7：488）

当我们消解了私我之际，我们的梵行已然立定，我们身上最伟大的影响力即得以发挥，所有的天才们都深知这一点。届时，将我们的自我向神圣的行动者开放，让他来工作，而不再是小我。（7：14）

这自私，我们必须设法消除。我发现，无论什么时候，我在生活中犯了过错，总是因为自我开始了算计。在小我没有卷入的地方，我的判断力就发挥正常、正直无误。（8：265）

每一种宗教都在宣扬道德的本质就是行善。为什么？因为要无私。那么，我为什么要按照无私的精神来做呢？是因为一些神这么说过吗？这并不适合我。是因为一些圣典这么声明过吗？

随它们去说吧，这些对我毫无意义。它们这么说，这么做，对于我，究竟又有什么意义呢？每一个人都顾念着自己，而且有些人为此还竭尽全力——这是世界上到处可见的道德现象，至少大多数人都看到了这一现象。那究竟是什么原因，让我应该采取为他人行善的道德？你显然无法解释它，除非你真正了解了《薄伽梵歌》所给出的真理："一个看见众生在他自己里面，他自己也在众生里面的人，因此看到了同一个神，就这样居住在了众生之中。他，即是圣人，不再用自己杀死自己了。"由不二论哲学得知：你无论伤害了谁，就都是在伤害你自己，他们全都是你。不管你知道与否，通过所有的双手，是你在劳作，通过所有的腿脚，是你在行走。你既是坐在王宫里面享受荣华的国王，你也是露宿街头正在煎熬受苦的乞丐。你既在无知的群氓中，你又在丰赡博洽的学问家处；你既在弱者身上，你又在强者那里。你们要深深懂得这一点，只有这样，才富有了同情心。为什么我们不能伤害他人，为什么我根本不在乎我是否挨饿，因为届时会有成千上万张嘴同时进食，而它们都是我的。所以我不在乎"我和我的"会成为什么样子，因为整个宇宙都是我的，与此同时，我还经验着至高的幸福。谁能够杀死我，或者整个宇宙呢？这就是道德的本质。（3:425）

爱，永远都是喜乐的象征。哪怕是一丝最轻微的痛苦之影子，那也是物质性与自私性的印痕。（8:276）

自我中心的那道坚硬的厚墙，常常会阻断我们的道路。我们面对所有的事情，心中会想："这是我做的，那是我做的，还有，那些也是……"摆脱这微不足道的小我吧，在我们内心深处把这一魔道之障碍解决。"不是我，只是你"——说出他，感觉他，活出他。除非我们把私心所造作出来的世界全然放弃，否则，永远不可能进入神的国度。（7：15）

只要我们还是自私的，我们就不能获得真相，我们就会用自己的私心，给一切涂上了自己的色彩。万事万物皆以本来的面目呈现在我们面前。它们从来没有隐藏，而是彻底袒露！恰恰是我们自己把它们隐藏起来了。因为我们握有了一支有色彩的画笔，每每遇到我们不喜欢的事物，就涂上一笔，然后再去看它。……我们不想认识事物的实相，而任由自己在所有的事物上想象与涂抹。我们所有的行动，其动机都源于自私。是我们自己把一切事物都遮蔽与隐藏。我们如蚕蛹，作茧自缚，把自己囚入其中。这就是我们现在在做的事情。每当我说一声"我"，那丝线就绕我一圈。再说一声"我和我的"，就会再绕我一圈。如此这般，不停地继续绕下去，捆绑就日渐深重。（1：476—477）

你们需扪心自问：你是公正而无私心的吗？这就是问题的关键所在。你若是，一切自会圆满，即使你不读一本宗教书籍，即使你也不曾进入任何一所教堂，或者寺庙。（1：93）

这就是你们西方文明的一个罪恶，你们只重知识的教育，根本不曾照顾到心灵。它只会让人十倍地自私，而这就埋下了将来的毁灭之因。（1∶412）

唯一正向的力量

谁能否认这种爱？这种"非我，非我"的精神，这种弃绝难道不正是宇宙当中唯一正向的力量吗？（2∶354）

如果你渴望财富，同时也知道全世界都把追逐财富者当作邪恶者，那么，也许你不敢为获取钱财而放手一搏了，但你心中又对金钱朝思暮想。这就是虚伪，无助于达成任何目的。纵身跃入俗世之中，经年累月，当你于其中尝遍一切苦乐之后，弃绝才会到来，宁静也会接踵而至。所以，你要满足你对权力以及和其他一切事物的渴望，当这些欲望满足之后，你才会明白这些都是微不足道的；而在你满足欲望之前，在你经历那些行动之前，你是不可能达到那种宁静、安详和隐忍状态的。（1∶40）

弃绝，是所有宗教与宗教思想的主张，无论何时何地，你都会发现，当弃绝的想法趋弱之时，更多的感官追求就会潜入宗教的领域，而灵性也会相应地减少。（4∶183—184）

无论何地，只要存在执着，即依附于世界的物相，你们应当明白，这都是一系列物质之间的身体吸引——这种吸引力一直使得两个物体越走越近，若不能靠到足够近的程度，就会产生痛苦；但是，凡真爱存在的地方，就完全不依赖于身体。这样的人，即便远隔天涯，他们的爱仍是始终如一；这种爱不会死亡，也永远不会产生痛苦。（1:58—59）

我不是兜售商

人类的导师都是彻底无私的。假如拿撒勒的耶稣正在讲授，此时，有人过来这样告诉他："你所教导的一切确实完美，我相信这是一条完美之路，我也愿意追随它；只是，我自问内心没有将你当作上帝的独生子来崇拜。"你猜想这位拿撒勒的耶稣会如何回答呢？他一定会说："很好啊，兄弟，这非常棒！请跟随你心中的理想道路，以你最好的方式往前行走。就我自己来说，根本不在乎你是否会给我的观点以最高的认可，好来追随我。我不是商人，更不是小店主在兜售自己的商品。我从不以宗教为我的生意。我只倡导真理，而真理不是属于任何人的私有财产。没有人拥有独据真理的特权。而真理，即上帝本身。"（4:150）

所有的福祉、所有关乎德性的美好，其核心精神皆为"不是我，而是你"。谁在乎是否有天堂和地狱？谁在乎是否有灵魂？谁在乎是否存在不灭的永恒？在这个尘世之中，到处都是苦难。要像佛陀那样，走入这个人世间，尽一切力量来减轻它的苦难，

甚至为此而死去。忘记你自己与自己的身份，这是第一课。不管
你是有神论者，还是无神论者；不管你是不可知论者，还是吠檀
多主义者；不管你是基督徒，还是穆斯林，这种忘记自己，都是
我们要学习的最关键的一课。对所有人来说，这一课显然就是要
摧毁小我、构建真我。（2:353）

至纯粹的爱没有动机，不需要获取什么。（6:90）

好东西藏着一个人自己独自享受，会有真实的快乐吗？不，
应当与众人一起享用。就算你通过不二论的亲证获得了个人的解
脱，但对世界来说又有什么意义呢？在离开这个身体之前，你应
当尽其全力来救赎整个世界。彼时，你才会挺立在永恒的真理当
中。有与这种至福相匹配的吗？你将挺立于浩瀚如苍穹一般的无
边幸福之中。当你发现，你在宇宙的灵魂与宇宙的物质中无处不
在时，你将会被震惊得哑口无言。你将会感觉到，整个有情世界
与无情世界，全是你自己的自我存在。于是，你就会不由自主地
像对待自己一样地善待一切了。这的确就是行动的吠檀多哲学。
你明白了吗？梵是"一"，但同时，在其相对的层面上，又确实
以"多"的形式呈现在我们面前。（7:163）

你能够亲证这样一种思想吗，那就是让所有的自我意识都彻
底消失？在爱的宗教信仰的顶峰，这是一个令人眩晕的高度。在
这个世上，很少有人曾经攀上去过。但是，除非一个人达到时刻

准备着、时刻甘愿将自我奉献的最高点，否则，他是不可能成为一位完美的虔信者的。（3:83）

那些最伟大的人，皆是以自己的心血致力于为他人修桥建路的人。穿过整个人类的历史，事情总是这样发生的，看到一个个伟人用自己的身体建成一座座桥梁，然后，成千上万的人凭借它，而渡过了自己生命的河流。（6:273—274）

那些想要帮助他者的人，必须把自己个人的苦乐、个人的名誉与声望，还有各种各样的利益得失，统统捆扎起来，扔进大海，然后孤身来到神的面前。这就是历史上的那些大师们之所言、所行与所教。（6:302）

母亲所处的地位，是此世之中最高的地位，实际上，供我们学习和陶冶的大爱无私的情感，正源出于此。（1:68）

是玫瑰，便献出芬芳

玫瑰献出它的芬芳，因为这是它的本性，完全自然地给出。你当像玫瑰一样。（7:86）

现在，有一些人仅仅为了自我的救赎，就放弃整个世界。抛掉这样的观念吧，甚至包括你自己的救赎，到世界上去，竭尽全

力地去帮助他人。（3:431）

即使是最小的为他人奔走的行为，也会唤醒一个人内在的力量；甚至是最小的，仅仅是为他人考虑的想法，也会把狮子一般的力量逐渐贯注到自己的内心。（5:382）

所有外向的能量都会因自私的动机而消耗殆尽，它不会产生回流给你自己的能量；但若是有了自制，则能生发出新的能量。这种自制之力，有可能产生一种强大的意志，甚至产生像基督或佛陀一样的人物。（1:33）

成为完美的卸职者，完美地不卷入，唯有这样你们才能做事。常人的眼睛不能够看清真实的力量，所看到的仅仅是它的结果。把我们的小我放在一边，忘记它，只是让神工作，那正是他的私事。我们不采取行动，只是站立一旁，让神亲自行动。我们越是能把自己放下，神就越是能够进驻。涤尽小我，复苏大我。（7:14）

人人心中有神明，不管他是否自知；通过奉爱的行为，他内在的神性必然会被唤醒。（5:148）

当你救济一个穷人时，心中切勿生出哪怕一点点的傲慢。那是为了你自己的神圣崇拜，而不是作为你骄傲的资本。（2：

237）

与其闲死，不如忙死，累坏总比锈坏强——尤其是为他人的行善之举。（7:176）

即使你是生活在洞穴中，你的思想照样会穿破厚厚的岩壁，在世界各地震荡数百年。也许，直至它们固定在某个大脑里，并在那里持续运转。这就是思想的力量、真诚的力量与目标纯净的力量。（3:227）

巨大的能力伴随着沉默者，他们只是活着、爱着，没有丝毫的个体性。他们从来不会说"我"和"我的"。他们仅仅于自己的话语当中，充满着对存在界的祝福。（7:16）

第十二章
旅程

爱，最原初的动力

是什么吸引了人与人、男人与女人、女人与男人、动物与动物，好像将整个宇宙都吸引到一个中心？这就是所谓的爱。从最低层次的原子，到最高层次那无所不能、无所不在的生命，表现出来的就是爱。这种在有情众生和无情众生中、在殊相和共相之间，以吸引力体现自身的，就是神性的爱。这是宇宙当中唯一的原动力。在这种爱的推动之下，母亲为了孩子，丈夫为了妻子，基督为人类不畏惧被钉上十字架，佛陀甚至能够为动物献出生命。正是在同样的爱的推动之下，人们愿意为自己的家国献出宝贵的生命。（2:50—51）

只有当一个人发现他自己所爱的对象不是任何卑贱的、渺小的、可怜的事物时，他才会有真正意义上的爱。只有当一个人发现他所爱的对象不是一介微尘，而是神自己，他才会有真正意义上的爱。认为丈夫即是神之际，妻子会更爱丈夫；认为妻子即是神之际，丈夫会更爱妻子；认为孩子即是神之际，母亲会更爱她的孩子。认为自己最大的敌人正是神本身之际，那个人会爱他的这个敌人。认为圣者是神之际，那个人会爱那样的一个圣者；而也是这同样的一个人，亦会爱人类中最不圣洁的人，因为他已经知道，这最不圣洁的人的背后，还是他，那位神自己。（2：286）

神被认为是"全—爱"（All-love）。人们甚至不能说"我爱他"，因为他就是全部的爱，没有任何一种爱是外在于他的。在他之外没有爱，你内中爱他的这种爱，也就是他自己。同样的，无论是吸引人的还是被吸引的，都是他自己。偷东西的窃贼，卖身的娼妓，爱子心切的母亲——在这些人当中的每一种爱，全都是他！（5：336）

所有存在里面的那种同一性，它早已存在于你的内心深处。无人不生而具有它。无论你怎么拒绝，它始终不断地在证实着自己。什么是人类的爱？它在某一程度上正是对这种同一性的肯定："我与你是一体的，我与我的妻子、我的孩子，以及我的朋友也是一体的！"（8：137）

爱的结合，爱的创造，都是为了那统一性。你们变成了
"一"，母亲与孩子、家庭与城市、整个世界与生命全都合为一
体。因为爱就是存在，就是神本身；所有这存在的一切，或多或
少，都是那"唯一者"关于爱的不同表达。（2:304）

当一个男人与他的妻子进行身体接触时，这位妻子是通过
祈祷和誓言来控制情境！因为出生的孩子，就是神自己最圣洁的
象征，这是丈夫和妻子之间最伟大的祈祷，这祈祷将给这个世界
带来另一个灵魂，这个灵魂充满着巨大的为善或为恶的力量。男
女之间的关系难道只是一种玩笑？难道这仅仅是一种神经质的满
足？难道这种关系仅仅是动物性的肉欲满足与享受？（8:61）

灵魂曾经愚蠢地想在有限的物质中证明它的无限，而智慧
也愚蠢地想通过粗糙的粒子来证明自己的无限，但最终都发现此
路不通，然后试图逃回来。这种回归自身的源头，就是宗教的开
始，它的路径就是摧毁小我，也就是神性的爱。这不仅仅是对妻
子，或孩子，或其他任何人的那种爱，而是对除了这个小我之外
的一切大爱。（8:384）

自愿奉献

你对自己孩子所付出的一切，难道会向他们索取回报吗？为
他们行动劳作，这是你的职责，也是你的目标。无论你为某个特

定的人、为某个城市，或为某个国家做什么事，也应该像对待自
己的孩子一样来对待这些事情——不要期待任何回报。如果你总
能持有一种给予者的心态，即你对这个世界付出而从来不要求任
何回报，那么你的行动就无所执着。只要期待回报，执着便随即
而至。（1：59）

一位母亲含辛茹苦，抚养自己的孩子长大成人，她是真正乐
意的吗？当然是的！……她爱孩子胜过了一切。为什么呢？因为
不藏半点私心。（6：149）

无论什么事情，母亲都会站出来支持自己的孩子。也许，妻
子会抛弃丈夫、孩子会抛弃父亲，但是，这个被抛弃者的母亲永
远也不会这么做！母亲，我再强调一遍，她就是宇宙中最不受世
界影响的能量，因为她对孩子的爱是最无私的，不会求取任何回
报，她不在乎孩子身上有多少罪恶，相反，这样反而会让她给予
孩子更多的爱意与怜悯。（8：252）

永远不要说"我的"，一旦我们说某物是"我的"时，痛
苦就随之而来。甚至在你的心里也不要说"我的孩子"，你可以
拥有孩子，但不要说"他是我的"，否则痛苦就会尾随而至。
（1：100）

自私，是每一个人的心魔。要知道，每一微小的私我之念，

一点一滴，都是魔鬼。一方面要脱离私我，另一方面要神明进驻，私我祛除，神我独存。光明与黑暗不可能共在。忘记了私我，就是心灵健康与纯洁的标志。一个心灵健康的孩子，常常会忘却了自己的身体。（6:119）

爱是不会带来痛苦的，爱只会带来喜乐；若非如此，那便不是爱，不过是将其他东西误以为是爱罢了。当一个人真正地爱自己的丈夫、自己的妻子、自己的孩子，甚至整个世界与宇宙时，就不会产生痛苦或者嫉妒，不会产生自私的情感，那么，就可以怡然地处于"不执"的境界当中了。（1:58）

即使生活在自私的环境中，只要有爱存在，自我也会成长起来，生生不息。一个自我，即一个人；若结婚，就会变成两个自我；当他有了几个孩子，他就增多了几个自我。就这样，他的自我不断地增长着，直至他体会到整个世界都是他的自我，乃至整个宇宙都是他的自我的那一日。彼时，他扩展出一种庞大普遍的宇宙大爱、无量的大爱，而这爱，就是神。（2:51）

课童启蒙

我们在印度有一种独特的教育思想。假设我有一个孩子，我不需要教他信奉任何宗教，而是教他进行专注心意的冥想练习，只用一种方式祷告——不是你们所认为的那种祷告，而是这样：

"我冥想宇宙的造物主，但愿他能够启迪我的心灵！"等到他成长起来，他就会去听不同的哲学与教育的启蒙，直到他发现对他来说那些是真理的声音。（8:254）

年少时，有很多事我们认为是善的，其实却隐匿着恶，有很多事看似是恶的，其实却深藏着善！我们观念的变化何其巨大!（2:420）

在教堂里出生是好事，但死在那里就是坏事了。小孩出生自然是好事，但到老还是一个小孩，那就是坏事了。教堂、仪轨与宗教象征，对孩子都是有益的，但是，当孩子真正长大了，他一定要懂得冲破教会或自己的封闭世界。我们绝不能永远都只是一个孩子，永远长不大。（1:325）

一个小孩子来到这个世界上，并不是经由大自然神奇之手，转瞬一闪而变出来的，如诗人们所乐意描述的那样。相反，这承载着无穷的过去，他是过往岁月当中的那些或善或恶的行为造成的结果，于是就形成了各种差异。这就是因果的法则。这也意味着，我们每一个人都是自己命运的创造者！（3:124—125）

我们依靠着自己过去的业力，使自己适应于某一类身体当中的某一种血统，而产生自己这一身体的唯一合适的材料，则来自适合这样的灵魂的父母。（2:222）

没有人能够让自己的身体变化停止片刻，这样的人还没有出生。"身体"云云，其实只是一系列变化的代名词。就像你们面前奔腾的江河水，每一秒钟它都在变化，新的水流是源源不断而来，然而其形态却总是相似的，我们的身体，其情况也大体如此。然而，我们必须保持它的健康、有力，因为身体是我们所能拥有的最好的器具。（1：142）

你不可能让植物在不适合它的土壤中生长。一个孩子会自我成长，不过，你可以帮他以他自己的方式成长起来。你所能做的不是"积极"地拔苗助长，反倒应该是"消极"地待其自我成长。你可以帮他清除障碍，但知识只能出自他自己独特的本性。就如人们种树木一样，你可以帮忙松松地、松松土，这样它就更加容易长。在其四周围垒起篱笆，免得它被外物侵害。你的工作到此为止，你不能再帮什么忙了。余下的，就顺其自然，看它自身本性的表现了。孩子的启蒙教育也是这样，一个孩子会自我培育、自我成长。你们来这里听了我所说的，回家后再比较一下你们自己所学的，就会发现这和你们原本考虑的并没有什么不同；我只是把它表达出来而已。我确实不能教给你们什么，你得自己教会自己，但或许我可以帮你表达出这种想法。（4：55）

消极的思想、负面的观念只会使人软弱。难道你们没有发现？为父母者不断地监督孩子，给孩子施以压力，让他们学习阅读与创作，当没有达到要求时，就贬斥他们永远学不好，说他们是笨鸟云云。而且事实证明，这样的孩子果真成了一只笨鸟！如果你一直对孩子说正面的话，激励他们，他们的进步一定会很快。这种方法对孩子的成长有益，也适用于思想层次较高的那些孩子。如果你能积极地鼓励他们，他们就会成长、学会自立。在语言和文学中、在诗歌和艺术中、在教育的每一个方面，我们都不要揪住孩子们在思想和行动上的弱点不放，而是要让他们逐步把这些事情做好，甚至做得更好。（7：170—171）

示以雷鸣之教

我根本不相信，对世人所宣示的一元论哲学会产生不道德或软弱。相反，我倒有理由相信，一元论哲学正是此类弊病的恰当解药。如果这是事实，为什么当生命之河在一旁流过时，还让人们喝着地沟水？如果确实纯粹，为什么我们不在此刻就把它传授给全世界呢？为什么不用雷鸣般的声音大胆地把它教给世人呢？为什么不教给那些圣者、罪人，男人、女人、孩子，坐拥天下的国王与扫大街的清道夫呢？（2：199）

人们从小就被教育说，他们是罪人，是弱者。不，应当这样告诉他们：你们都是不朽之子，是潜力无穷、神光熠熠的孩子。即使看起来最软弱无力者，也是如此。应当从孩提时代开始，就教给他们积极、强劲与有益的思想。让这些思想源源不断地进入你开放的心灵，而不是削弱与废弃它们。要对自己的心灵说：

"我即是他。我即是他。" 让它像一首宇宙的歌，在你的每一个日夜，于你的脑海中鸣唱，直至你的死日，仍有勇气宣称："我就是他。"这就是真相，这世界上有无穷尽的力量，都属于你。（2:87）

那么，你们为什么要把自己变成懦夫呢？还教育自己的孩子说，人的最高状态就像动物一样，在这个虚构的存在界里爬来爬去，还说你们就是软弱的、是不洁的。在这个宇宙中，你们真有这么不堪吗？（3:412）

我们常常被告知"要做好人""要做善良的人""要成为有品德的人"……满世界都是这样在教。几乎没有一个孩子，不管他出生在哪一个国家，不被告诫说"不要偷窃！""不要说谎！"，等等。但是，没有人告诉孩子们"为什么"与"怎么样才能做到这些"。单纯的空谈对他们毫无意义。他为什么不该当小偷呢？我们没有教他怎样做到不偷东西，我们只是告诉他："不要偷窃"。其实，只有当我们告诉他怎样控制好自己心意的波动，我们才算真的在帮助他。（1:171）

愚昧的父母会教自己的孩子这样祈祷："神啊，你为我创造一个太阳吧，你为我创造一个月亮吧。"好像神没有别的事可做，就专为这些宝贝创造这个、创造那个似的。请不要拿这样的无稽之谈来教育你们的孩子。（1:88）

真理都是永恒的。真理，不是任何人的私产，没有任何种族，没有任何个体可以垄断它。真理，就是所有灵魂的本质。谁能够对它提出任何特殊的要求，另有特权呢？但是，真理必须被实践，真理也必须质朴简明。因为最高的真理一定是极纯粹的，也唯此，它才能平等地渗透到人类社群的每一个角落，成为最高明的智者与最平常的心灵皆可拥有的珍宝，成为一切男人、女人以及孩子的共有物。（2:358）

从童年时代开始，我周围的人都在灌输软弱，我也不例外，自出生那一日起，就有人向我灌输道：“你是一个软弱的家伙”。于是，我一度很难认识到自己的真实力量。但是，后来通过我自己理性与艰苦的探索，我逐渐获得了关于自我力量的知识，并体验到了它。试问，在这个世界上，我们所拥有的所有知识，它们皆是从何而来？是的，一切皆自我们心中出！有什么知识会得自外面吗？从来就没有过！知识从来不会居住在物质的那一端，它一直在人心那里。没有人能够创造出知识来，人们只是从其内在的心灵世界，将它们一一带至人世间。（2:339）

我不反对各种形式的二元论。我欣赏它们当中的大多数思想，但我反对任何一种灌输软弱的教育。每一个男人、女人或儿童，当他们在进行身体、心理或灵性的训练时，我都会问同一个问题，你是否精神百倍？你是否感觉到了力量？因为我深知，只有真理才能赋予人以力量。我更加知道，只有真理，才能赋予

人们以生命。只有走向真理，才能使我们真正强大起来，再无

他途。也只有当一个人真正强大了，他才有望获得至高的真理。

（2:201）

第十三章
物质运动的模式

生命的流转

没有一种运动，会永远行走在一条直线上。万物都在周而复始的运转当中；一条直线无限延伸，最后，变成了一个圆。如果是这样的话，任何灵魂都不会有永恒的堕落。那怎么可能呢？一切都必须完成一个循环，然后回归到它的源头。你、我以及所有的灵魂究竟是什么？我们在关于进化与退化的讨论当中，我们已经明白了，你与我，一定是庞大的宇宙意识、宇宙生命与宇宙心灵的一部分，如今已经卷入这个现象世界，故而我们必须完成这个循环，并回到那个最初的宇宙智慧，即上帝那里。这种宇宙智慧，也就是人们通常称为主人，或上帝，或基督，或佛陀，或梵的那一位，他也是物质主义者所认为的力量，以及不可知论者所谓的"无限"，所谓的"无法形容、不可思议的超越"，等等。
而我们，就是它的一部分。（2:231）

每一种力量，皆会自成一种循环。我们称之为人的那种力量，他始于无限的神，也终将重返于神。（6:138）

这种倾向一直贯穿于整个现代思潮当中。若一言以蔽之，则科学的意义就在于，它对事物的解释是以其自然属性为依据的，它不需要借外来的生命或存在，来解释宇宙中究竟发生了什么。譬如，化学家从来不需要用魔鬼、幽灵，或诸如此类的神秘事物来解释他面对的现象。而物理学家也从不要求任何人来解释他已经成竹在胸的事情，其他的科学家也都不需要。这也是我打算运用到宗教当中的科学性特征。在宗教里面，我们会发现它们的不足，以及为什么会分崩离析的原因即在于此。每一门科学都是从其内部、从事物的真正本质来进行解释成因，而宗教，却从来没能提供这样的解释。（1:371）

外在的世界与内在的世界，其本质并没有什么不同，它们就是"一"。自然是一切现象的总和。所谓"自然"或"本质"，即意味着所有的存在、所有的运动与作用。而我们却错误地把"物质"与"心灵"区分为泾渭分明的两种存在，我们以为"心灵"是与"物质"完全不同的事物。实际上，它们皆是同一种自然，它们彼此相摩相荡，又彼此含摄，其中的一半持续作用于另一半。物质会以各种感觉的形式，累积在心灵当中。这些感觉不是别的，都是力。借自外在世界而来的力量，唤起我们内在的力量，并从意志上回应它，或摆脱它，于是，这种内在的力量，就变成了我们所熟悉的思想。物质和精神实际上都是力；只要你深入地分析它们，你就会发现它们在根源处是一致的存在。外部的力量能够以某种方式唤起内在的力量，这一事实表明，它们在某一处相互联结着——它们必须是联结的，在本质上是同一种力量的不同表达。当你触及事物的根源时，它们就会变得纯粹而遍在。由于是同一种力量，它或以物质的形态呈现，或以心灵的形态呈现，故而没有理由认为物质和心灵有什么不同。心灵变成了物质，物质变成了心灵。思想的力量成为神经的力量，再成为肌肉的力量；而肌肉与神经的力量，也会成为思想的力量。大自然充满着这股力量的运动，无论显现为物质，还是心灵。最精微的心灵与最粗糙的物质之间的差别，只是程度上的差别。因此，整个宇宙，称"精神"也好，"物质"也罢，皆无关宏旨。你可以称"心灵"为形式精微的物质，也可以称"身体"为具体化了的心灵；你叫它什么名字，本质上并无多大的区别。一切因唯物论与唯心论的冲突所引起的麻烦，都由错误的思想引发。其实两者并无二致。（8∶245—246）

任取一门其研究性质最具物质性的科学，譬如化学、物理学、天文学、生物学等，试着深入地研究它们，一直往最深处推演，一步再一步，渐渐地，粗糙的物质形态慢慢开始消融，并变得越来越精细、越来越精微，直至它们达到了这样一种地步：在那里，你必然会发现一个由物质到非物质的巨大飞跃。其实，在每一种知识领域，皆是由粗糙的层次，进入到精微的层次，由物质与物理的层次，进入到超物理的形而上的层次。（4:204）

　　无论我们以何种方式去理解事物的本质，只要我们分析得足够细致、足够深入，我们就会发现，我们最后都会陷入一种奇特的矛盾状态：有些东西超出了我们的理性理解范围，但它偏偏又作为一种事实存在。我们任举一例，明明知道它是有限的，但是一旦我们着手去分析它时，它就会超出我们的理性，我们永远找不尽它的本质、它的可能性、它的力量、它的关系之尽头，它就变得无穷无尽。就拿一朵很普通的花来说吧，它相当有限，但是谁敢说他对这一朵花的一切都了如指掌了呢？谁也不可能穷尽这一朵花的无限性、这朵花的知识之尽头。这朵花最初是有限的，但是穷究之下，我们发现这朵花已然变得无穷无尽。既然花、沙砾、广大的物质世界，以及每一个思想念头，都是这样一种真实情境，那对于我们人类来说，则必是百倍的真实。我们皆是处在同样的两难境地，我们的存在既是有限的，同时又是无限的。我们就像海洋中的波浪，波浪既是海洋，又不是海洋。没有任何一部分的波浪你不能说："这是海洋。"其实，"海洋"这个名称适用于此一部分波浪，也同样适用于海洋的其他部分，但是，波浪毕竟是从海洋里面产生出来的那一部分。所以，在无限的存在之海中，我们就像是小小的波浪一样微不足道。但同时，当我们

想要把握我们自己时，却怎么也把握不了，因为我们早已成了那无限者。（2:397—398）

在我们的四周昼夜运行不止的创造性能量，哪怕只是停息一瞬间，万物即刻不复存在。在整个宇宙中，这种能量就是这样，无时无刻不在起着作用。但宇宙能量的运转，会周期性地进入寂灭（梵语即"Pralaya"）状态。在印度的梵文系统里面，说到"创造"（Creation），如果翻译得当，更应该说"投射"（Projection）。因为"创造"这个词在英语语境中，有令人突兀愕然的意味，生出一些不愉快的惊骇之感觉；其意义极为鲁钝、莽撞——从虚无中，出现了某一个事物，造"无"为"有"，从"非存在"变成了"存在"。当然，我在这里并无不敬之意，强迫你们相信我。只是在我们的语言里，用"投射"比"创造"更为贴切一些。整个自然界的存在会变得越来越精微，以至于趋于无形。然后，在经过一段时间的"平静"之后，好像整个存在界又再次投射了出来，以同样的组合、同样的演化、同样的呈现，继续表演，似乎在某一个结点上，它会再次破碎，再次趋于精微，直至整个存在界的万事万物平息下来，然后，再度显现。可见，整个波浪式的运动穿梭在整个永恒的时间里面，来来往往，循环无端，无休无止。时间、空间和因果关系，都内秉于它的本质。故而说宇宙有一个开端云云，简直就是一派胡言。它不可能有开始，也不会有结束。因此，在我们的典籍里，无论何时用了"开始"与"结束"，你们都必须记住，它只是意味着一个特定

周期的开始与结束而已，再无别的意味。（3:122—123）

　　一粒种子从树上脱落，它是不会立即变成一棵大树的，而是有一个潜伏期，或者，更确切地说，它是有一个非常精细的、处于潜在活动的时期。种子必须在土壤底下默默酝酿一段时间。它会在那里裂成碎片，以其固有的方式分解，然后，分解过程中再次组合，直至整颗大树呈现出来。起初，整个宇宙也是这样，它必须以那种潜伏的方式运行一个时期，而后，它会从这个不可见、未呈现的混沌状态当中，又生成一个崭新的投射，再次呈现出来。（2:206—207）

　　就拿这整个进化的序列来说，从一端的原生质，到另一端的完美者，这整个序列就是一个完整的生命。最终，我们都会遇见一个完美的人，最初，其原点也必是相同的。因此，原生质是最高智性的原初状态。你也许看不到最高智性，但参与其中的智慧，正在把自己展开，直到它在最完美的人身上显现出来。这可以用数学证明来推演。如果能量的守恒定律是真的，你就不可能从机器里得到任何东西，除非你先将它放了进去。（2:208—209）

波浪与大海

　　当然，就本质而言，波浪与海洋是同一样事物，但是，我们知道它是一个波浪，表面上与海洋是如此不同。是什么造成了这种的差异？是名和相，也就是表现为观念与形式。现在，我们能把波浪的形式，想象成与海洋分开的某物吗？当然不能，它总是与海洋的观念联系在一起的。如果波浪消退，这种形式在短暂的时间内也消失了。但是，这种形式并不是一种错觉，只要波浪存在，形式就在那里，你一定会看到它的形式。这就是摩耶。因此，整个宇宙就好像一种奇特的形式，绝对者就是海洋。而你与我、日月与星辰，以及其他的一切存在者，都是这个绝对而无限的海洋涌起的各种形态的波浪。究竟是什么使得波浪各异？波浪各异的只是形式，这形式表现为时间、空间与因果律，而所有这一切相的存在，又完全依赖于波浪。波浪消失，这些相也彻底消失。只要一个人放弃对这个世界的幻觉，世界就立即消失，他就得到了自由。人们整个的奋斗历程，就是为了摆脱这种对时间、对空间与因果律的执着，这些是我们解脱道上的绊脚石。（2：136）

如果你想拥有生命，你就必须时刻准备着面对死亡。生与死，只是同一事物不同角度的不同表达。它们是同一波浪的起和落，两者构成同一个整体。（1：112—113）

万物皆存在于永恒之中，而且必将穿越整个永恒而存在着。它只是在存在界的波动中，起起落落，一些时间之后，它又复返精微的形式；然后，再一次出来，进入粗糙的形式。这种永恒的

回归与演化，遍布整个宇宙。（2:208）

我们的身体，只不过是物质海洋当中几乎可以忽略不计的小小漩涡。（2:466）

在这个世界上，我们所看到的所有行为，人类社会中的一切运动，我们身边的一切工作，无非都是人们思想的展示与意志的表达。（1:30）

有一些人站出来说，他们有了神通，他们是无所不能的上帝之喉舌，除了他们自己外，别人无权进行这种与上帝的交流。这些事情，我们一看就知道其中的荒谬。任何事情，只要在这个宇宙中出现，它就具有普遍性。此处有，彼处无，那就不叫宇宙性。因为整个宇宙都受一样的规律支配。它自始至终都是系统的、是和谐的。故此处是，必定处处是。宇宙中的每一个原子，它与最大的恒星、与所有的星星都是基于同一个计划而设计的。若有一人曾经受过启示，那么必定人人皆可以受启示，我们之中的每一个人都有受启示的可能。（4:215）

每一个向外的演化，皆含摄着一个向内的回归。若非有预先的存在，必无后来的演化。（2:227）

对于我们所有人来说，总会有那么一天，我们会觉察到整个宇宙不过是一个大梦，彼时，我们就会发现灵魂自身的无限，要比外在的宇宙重要得多。在这个我们唤之为世界的战场上，总有一天，我们也会发现，与灵魂的力量相比，我们所谓的这些周遭环境完全可以忽略不计。这一切的发生，只是一个时间的问题，而在无限面前，时间不堪一击，它们只是沧海之一粟。我们可以在平静中等待。（1：421）

精微的力量，以及影响

看看我们的周围都在发生着什么。这个世界就是一个彼此影响的存在。我们身上的一部分精力，用来维系我们自己的身体。除此之外，构成我们精力的每一个微粒，它们都在夜以继日地影响着他人。而我们的身体、我们的美德、我们的智慧、我们的精神，这些也都无时无刻不影响着他人；同样，反过来，我们也受到了他人的影响。环顾四方，莫不如此。（2：13）

我们必须牢牢记住，物质只是自然现象当中极有限、无穷小的一部分。我们实际看到的现象，大部分都不是物质现象。譬如，在我们生命的每一个时刻，与外在的物质现象相比，思想与感情扮演了相当重要的角色！这个内在世界极其活跃，又何其浩瀚啊！相形之下，我们的这种感官所能触及的世界是何其渺小！（2：159）

我们总能在精微的地方发现粗糙的现象形成的原因。化学家拿出一大块矿石来进行分析，他要找到物质结构当中更精微的构成元素。我们的思想、我们的知识也大体如是，微尘现大千，一蕾参造化。结果是粗糙的显现，而原因却是精微的、隐藏的。我们之所见、所感和所触摸的这个大千世界，在我们可以思想的背后，尚有其原因与解释，而那原因与解释，亦有其更深远、更奥秘的存在界的背景。因此，在我们人类的身体层面，我们首先发现的必是粗糙可以显见的那些活动，譬如手脚的活动、嘴唇等脸部的活动，等等，但是，这些活动背后的原因是什么呢？那就是极为精细的神经系统，其如何运作我们根本无法察觉，它是如此的精细，以至于我们根本无法用感官来感受、来触摸，或追究，然而，我们还是可以知道，它们是这些粗糙的活动背后的原因。而且，这些神经活动，又是由更精细的活动所引发的，我们可以称之为念头。念头的深入，又是由更为精细、更为微妙的某种事物引起的，那就是人的灵魂即自我，亦叫作阿特曼。为了认识我们自己、了解我们自己，我们必须首先使我们的感知系统变得更加灵敏、更加细微。没有任何人类发明的显微镜，或其他工具能够使我们看到内部正在发生的细微运动，凭借这类方法，我们永不可能看到它们。但是，瑜伽士们却有一种特殊的科学方法，他们造出了一种工具来研究他自己的思想与心灵，而这种工具就在人类的心意里面。心能够达到更精细、更精微的觉知力，这是其他任何工具都无法比拟的。（8：193）

没有哪种存在全是物质的，也没有哪种存在完全是形而上的、超物质的。万有彼此含摄，且彼此阐释。凡有神论者皆会同意，于此可见之宇宙，有一不可见之背景，他们只是对这个背景的秉性与特征的看法有异。彻底的物质主义者，则会说并不存在这样的背景。（7:42—43）

在这个世界，人类的进化最显著的标志是什么呢？那就是智慧，在各个阶段性展示出程度不一的智慧与智性。就此，在印度的古典理论当中，把它理解为一种表达同一个自我的不同尝试。因此，最初，就是纯粹的智慧本身；然后，这种智慧就开始卷入进化当中；到了最后，智慧得到了表达、得到了进化的圆满。因此，宇宙中所展示出来的所有智慧，就是那隐藏着的宇宙智慧在演化它自己的一个过程。这一宇宙智慧，就是我们所谓的神。（2:209—210）

第十四章
神、灵魂与宇宙合而为一

绝对者与相对者

真实的存在、真实的知识和真实的爱永远彼此相连，三者一体。其一出现，则其他两者必当呈现。它们是无二之"梵"（One）的三个方面——存在—知识—喜乐（Existence-Knowledge-Bliss）。当存在与其他两者相对时，我们就将存在看作世界，那么知识也相应地变成了关于此世界诸事物的知识，而喜乐对于人的心灵而言，则成为所有真正的爱的基础。（1:58）

存在界只是同一个"一"，无明者视其为物质，而智者则视其为神。（8:429）

宇宙中唯有同一个无限的存在，他也是以你和我的形象呈现，那种分离的现象说到底是一种错觉。他并没有被分离，只是看起来被分离而已。那种表面的分离，其实是透过时间、空间与因果律所构建出来的网，来看同一个无限的存在而造成的现象。当我透过时空与因果之网来看神时，我就把他视为物质化的世界；虽也通过同一张网络，当我从一个稍微高一点的层面来看同一位神时，我就视他为动物；若层次再稍微高一点，则视其为人；再高一个境界，则视其为神明。但是，他实际上是宇宙中唯一的那个"无限的存在"，而我们都是他。我即彼，汝即彼。我们不是彼之分有，而是彼之全有。（3:8）

一体万化，月印万川。当我们看到"一"时，通过摩耶反映出的任何限制就都消失了。但千真万确，那种多样性并不是毫无价值的。因为我们必是借由"多"，才能最终归之于"一"。（6:51）

当一个人能够经验到"一切即一"之时，所视无他、所想无他时，他的恐惧方能停止轮回，也将终结。因此，不二论（Advaita）教导我们，人是存在于普遍当中的个体，而不是存在于特殊当中的个体。只有当你是整体的时候，你才是不朽的。一旦你意识到自己是普遍的、是整体的，你就能够坦荡，就能够无畏生死；彼时，你所谓的宇宙，和你所谓的神是一回事；你所谓的存在，和你所谓的整体也是一回事。它原本就是一个不可分割

的存在，也就是被我们所看见的无穷尽的世界，他人亦是如此，因同样的心意，所见到的也必是同样的境界。（3:417）

每一个生命的存在

如果我们尚不能在自己的心中，以及在所有生命的存在当中看见神，那还能够上哪儿去找到他呢？"你是男人，你是女人，你是女孩，你也是男孩。你是拄着拐杖蹒跚而行的老人，你也是步伐稳健、器宇轩昂的年轻人。"你是所有的存在，这神奇的神，他是宇宙当中唯一的事实。这对于许多人来说，似乎极其矛盾；因为传统当中的神，他是生活在某种神秘的面纱背后的，而且从来就没有人见到过他。（2:320）

从至尊贵的存在，到至卑微的存在，以及最邪恶者；从最伟大的圣人那里，到我们的脚下最低级的爬虫，都是灵魂，它纯然而完美，无限而幸福。在那些蠕动的爬虫那里，灵魂只是显现其力量性与纯粹性极小、极有限的一部分；而在那些最伟大的人身上，灵魂已经显现其力量性与纯粹性的绝大部分。其区别只在于表现的程度，而不是本质。贯通所有的生命，存在的都是同样纯粹而完美的灵魂。（6:24—25）

什么是实在者？就是那个亘古不变者，也就是人的自我、宇宙深处的那个自我。（2:410）

每一个人其内在的中心，都有同样的白色而纯粹的光，这是由神圣的存在所散发出来的光芒。但是，由于透过此种光芒的生命之镜子的颜色与厚薄不同，使得呈现出来的光线也各异。每一个光的中心都是一样的，平等而美丽，而表面的不平等，只是在其表达器具时的不完美所致。随着我们存在的境界越来越高，透过此种光的中介，也就变得越来越明亮、越来越清晰。（4：191）

在我们之外来寻觅神，这是不可能成功的。切记，是我们自身的灵魂贡献了所有我们之外的神性。我们就是最伟大的圣殿。至于那种显现出来的客观化、对象化的神圣事物，也只是对我们内在神性、内在经验的一种颇不成气候的模仿而已。（7：59）

每一个灵魂都是一颗发光的星，所有的星星都被镶嵌在那浩瀚无际的碧空、那永恒的苍穹，镶嵌在神那里。故所有的人都有自己的根源、都有实在性与真正的个体性。宗教就起于我们对超越我们视野的那些星辰的探索，最终发现，一切的日月星辰都在神里面，而我们自己也在神那里——在同样的一个地方。（5：69）

我曾多次被人问道："你为什么常常开怀大笑，还讲那么多笑话？"有时我也会变得十分严肃——当我肚子痛的时候！神是充满喜乐的，他是一切存在背后的实在。他是善，是万有的真理。你们都是他的化身，这是何等的荣耀。你们越是接近他，你们就越少伤心流泪；你们越是疏远他，你们就越多抑郁而寡欢；你们越是了解他，你们就越少痛苦与撕裂。如果一个生活在神之中的人也满是悲痛，生活于他又有何用？要这样的神又有何用？把他扔到太平洋吧！我们不要他！（8:134）

整个宇宙万有皆是同一性的存在，不可能有别的东西。我们都是从多样性出发，而最后走向了这个普遍的宇宙性存在。从家庭到部落，从部落到种族，从种族到国家，从国家到天下苍生，无数种意志都在趋向那个"一"！觉悟与亲证这种同一性，便是全部的知识。（8:138）

把智慧磨成利剑

世界是"自然的进化和神的显明"，这是我们在透过摩耶、勘破幻境之后，对"梵"，或"绝对者"做出的诠释。这个世界并非虚空，它具备固有的实在性，它是基于梵而浮现出来的。（8:3—4）

何为救赎？就是与神同在。而神在何处？神无处不在。在此处，在当下。在无限的时间里，这一刻与任何其他的时刻都是一样的美好、一样的圆满。（3:537）

所有的灵魂都在嬉戏、都在进行着神性的利拉（līlā），只是有些是有意识的，有些则是无意识的。而宗教，正是在有意识地去学习这种神性的游戏。（5：270）

我们生活在这个世界上，大体就是这样的情形。曾经有一个传说，拿拉达向室利·克利希那请求道："主啊，请让我知道什么是摩耶。"几天之后，克利希那邀请拿拉达与他一起去沙漠旅行。走了好长的一段路程之后，克利希那说："拿拉达，我渴了，你能够为我取一些水来吗？""我这就去，我的主人，我马上给你拿一些水过来。"于是拿拉达就去找水了。在不远处就有一个村庄，他进村子里找水，到了一户人家面前敲了敲门，开门的居然是一位极貌美的年轻女子，拿拉达一见到她，立刻把主人正等着他取水的事抛到脑后，全然忘了主人或许会因缺水而渴死。他忘记了一切，只顾与那个女孩搭讪。那一天，他就没有回到主人那里。第二天，他又到人家的屋子里和那个女孩攀谈，一来二去，他们逐渐亲密起来，最终陷入情网。他请求女孩的父亲把女儿嫁给他。后来，他们果然结婚了，便定居在那里。过了若干年之后，有了小孩。就这样过了十二年。他的岳父也去世了，他就继承了家业。他就这样生活着，有妻小、有农场、有牲畜等，看样子小日子过得非常美满而幸福。一个夜晚，村庄不幸遭遇了洪水泛滥，河水上涨，溢过了河岸，淹没了整个村庄。房屋倒塌，人与牲畜都被洪水冲走、淹死，在滚滚而来的洪流当中，漂着各种各样的东西。拿拉达不得不逃。他一手拉着妻子，一手拽着两个孩子，肩上还架着一个孩子，他试图冒险涉过那巨大的洪流。但没走几步，他就发现洪水的来势实在太猛烈，肩上的孩子掉了下来，被洪水卷走了。拿拉达绝望地嘶声惊呼，想去搭救自己落水的孩子，不料松开了一只手，两个孩子也被洪水吞噬了。最后，他只得用尽全力紧紧拽住自己的妻子，可是，一阵湍流过来，也冲走了他的妻子，很快无影无踪。最终，他自己被甩到了岸上，撕心裂肺地痛哭哀号。此时，他身后传来了一个极温柔的声音："我的孩子，水在哪里？要你取一罐水来，我一直在等你，都已经过了半个小时了。""半个小时！？"拿拉达惊呼起来。在他的印象当中，那可是整整过去了十二年的岁月啊，而所有的这些场景，竟然都只是在这半个小时内发生的！是的，这就是摩耶。（2:120—121）

你在我面前，对我来说，只是我的大脑所能够理解的你，再没有更多。同样，我正在阅读绝对者，他是非人格的存在，而我只能把他视为一个人格来理解。只要我们拥有身体与心灵，我们看到的总是这三位一体的存在：宇宙、神、人。这三者永远都是合三为一，不可分割。……有宇宙、有人类的灵魂，还有包含着宇宙和人类灵魂的那个"彼一"（That）。（6:52）

心灵之书

为获取化学知识，人类必须阅读自然之书；为获取宗教的知

识，人类必须阅读的则是你自己的思想与心灵之书。（6:81）

绝对的知识本身，它并不依赖于任何的圣典，也不依赖于任何事物，它是自身的绝对。没有一种学习能够给出这种知识。因为它不是一种供学习与探讨的理论，而是一种亲证、一种实现与一种生命的转化，如拂去镜子上的尘埃一样，净化了你自己的心，然后，在这一自性光芒的照耀之下，你看清了你自己，那就是梵本身。（7:34）

世界既非真，也非非真，一切都是真理投下的影子。（8:30）

万物的实在都是无限的，这不是理想主义的想象，世界绝不意味着不存在，它只是一个相对性的存在，并满足世界的所有要求。然而，它是非独立的存在，它是因超越时间、空间与因果律的绝对者而存在。（2:32—33）

在任何的知识领域，我们的理性所得出的最高论证，最多只能够使一个事实成为可能，至此而穷，它不可能再往前推进一步了。在物理性的科学中，对事实的最高证明只能是概率、一种可能，而远非事实本身。因为事实只存在于人类的感官与经验世界当中。事实必须被感知，我们必须感知宗教，从而证明自己的信仰。我们必须觉知到神的存在，才能确信神是存在的。再无别的，也没有多少推理，但我们自己的感知，就可以让这些东西以实在的方式呈现给我们，也因此让我们的信仰坚固，如同磐石。（4:167）

他把自己藏匿在原子里面，这个远古的"唯一"者，他就这样居住在了每一个人心灵的最幽深处，先知们通过内省的力量亲证到他，从而超越了欢乐与痛苦。（2:165）

自然中的实在就是灵

自然本性中的实在（the reality）是灵，实在本身——灵之光（借助我们的身体、心意等）而行动、说话并且做一切事情。它是能量，是灵魂，它是物质以不同方式得以运作的灵的生命……灵，是我们一切思想和身体行动，以及一切事物的原因，但是，它却不受善恶、苦乐、冷热以及自然中所有二元性的影响，尽管它把自己的光投射到所有这些事物上。（1:471）

自然的展开就如同一架摩天巨轮上的链子，无穷无尽，而这些链条上的小小轮箱里面，则是无数的身体，或作为新一批的灵魂需要乘坐的载体，它越升越高，越升越高，直到它们升到最高，并从轮箱里面出来。但是，轮子还在继续滚动。（2:230）

关于灵魂的存在、神的存在、永恒的生命、人类的终极目标，诸如此类，外在的自然给不了我们任何答案。心意时刻不停地在变化着，总是处于流动的状态中；它是有限的，它是零碎的、不稳定的。所以，自然如何能够告诉我们那个无限的、不变易的、不间断的、不可分的和不朽的事物呢？（3:252）

　　"创造"一词在梵语里面，其单词写作 śṛṣṭi，即"投射"，"神从虚无当中创造了万物"，这意味着什么呢？宇宙是从神那里投射出来的，他自己呈现出了宇宙，而宇宙的一切也将回归于他，然后它再一次前行，又再一次返回。就这样循环往复，永远以这种方式演绎下去。（4:48）

　　如果人类的生命是不朽的，那么，动物的生命也应该不朽。其间的差异仅仅在于程度，而不在于它们的类别。变形虫和我有着一样的本质，只是程度不同而已；因为从最高的生命立场来看，所有的这些差异都消解了。一个人可能会以为一株小草与一棵大树之间有很大的区别，但是，如果你们爬到一个很高的位置来看，小草与大树差不到哪儿去。所以，从最高的理想境界来看，最低等的动物和最高等的人类，并没有什么本质的不同。如果你相信存在着一个神，那么，低等动物与高等生物之间也必定是一样的。（2:297）

　　自然的使命已然天定，这自然是最贴心的养护者，她无私地把各种任务担负起来。她总是这样温柔，掬捧起自己忘我的灵魂，演绎出人们在存在界中所有的经验、所有的表现，通过无量的身体更迁，把人们带到越来越高的境界，直至其失去的全部荣耀重新归回，才记起了自己的本性。这位仁慈的母亲，让那些于生命荒漠中迷失方向的人，又返回到她来时的路上。就这样，她辛勤地工作着，没有起点、没有终点。她超越了苦与乐、超越了善与恶，无限的灵魂之川，正奔流不息指向那最后完美的、自我实现的海洋。（1:304）

绝对者，一旦成为大自然，他就必须受时间、空间与因果律的限制。（4:242）

基于原则，而非基于人

这些永恒的原则是立于自身的基础之上，而非依赖于任何人类的推理；更不是依赖于圣哲们的权威，无论他们有多么的伟大；也不是依赖于道成肉身者的权威，无论他们曾经有多么辉煌的成就。我们需要知道，这是印度文化里面的独特立场，我们以为，只有吠檀多才可能成为有普世意义、普遍价值的宗教精神，其实，它已经是世界上现有的普世宗教了，因为它所倡导的是原则之立场，而非人的立场。任何建立在个人身上的宗教，都不可能被所有的人类种族接受。（3:250）

非人格化的神才是一个活生生的神、是一个普遍性的原则。

人格与非人格的区别在于，人格只是一个人，而非人格的概念所摄甚广，他可以是天使、是人、是动物，还可以是更多的我们无法看见的事物，因为，非人格含摄了一切的人格，它是宇宙万有的总和，而且还远远不止于此。（2:319）

你一直在整个宇宙当中到处寻觅的神，其实就是你自己——这里的"你自己"，不在人格层面的意义，而在非人格的层面。我们现在所认识的那个人，即已经表现出来的，他是人格化的，但究其实质，却是非人格的。要理解人格化，我们不得不指向非人格；要理解特殊性，我们不得不指向普遍性。而这非人格、这种普遍性，就是存在的真理，也就是人的真实自我。（2:334）

物质不能证明精神，梵、灵魂和不朽者的存在，它们与神奇的被造物之间究竟有着什么关系呢？（5:54—55）

只有很少的一些人，才真正敢于去亲证他内在的神性，这就意味着，他要放弃天堂、放弃人格神、放弃一些回报的希望。为此，要有一个极坚强的意志才能做到。一丝的摇摆也是软弱的一种迹象。人永远是完美的，否则他永远不可能成就完美，但是，他必须得自己意识到这一点。如果一个人尚且被外在的世界所束缚、所决定，则足见此人还是一介凡夫。而不朽，只能发生于无条件的那种真实当中。（8:14—15）

第十五章
实现之道

目标

　　我们的目标就是纯然的灵，纯粹的精神，而非物质世界。形式、圣像、鸣钟、蜡烛、经书、教堂、庙宇，以及所有神圣的象征物，它们都是好东西，对灵性之树的浇灌与生长很有帮助，但至此而穷，再也不可能向前迈出半步。在绝大多数情况下，我们会发现灵树不能成材。诞生在教堂固然甚好，但其死日也是在教堂，那就糟糕了。出生在某种形式之内，在这些形式的保护之下出生，这是一件好事，它对灵性的小树苗之成长是有大帮助的，但是，如果一个人毕生囿于这些形相之中，这意味着他未能生长，在灵魂层面并无发展。（2:39—40）

曾经，有一位伟大的圣者告诉我说，在这个世界上，虽然有成千上万的人，但没有一个是真信神的。我问为什么，他说："假设一个房间里面有个小偷，而他知道，就在隔壁的房间藏有一堆金子，两个房间之间，只隔着一张薄薄的板，那个小偷会怎么样呢？"我回答道："他必是辗转反侧无法入睡，他肯定会绞尽脑汁想着如何偷那金子，而不会再想别的事物。"圣者说："你相信一个人若是真的信神，而会不为之发狂吗？如果一个人相信，世间有那种无尽的喜乐大宝藏，并且能够得到它，那么，这个人为了实现此目标日思夜想，他岂不也应该如是发狂吗？"而对神的坚定信仰，以及接近神的这种渴望，就构成了信仰（Śrāddha）。（1：407）

这是伟大而极重要的第一步——对理想的真正渴求。自此以后，一切皆会自然尾随而来。（5：252）

目标、目标、目标，不达目的，绝不罢休，所有这些训练都是为了解放灵魂。对本性的绝对控制，这必须是我们的目标。我们必须成为本性的主人，而不是成为本性的奴隶；身体绝不能成为我们的主人，身体是我们的，而我们绝非是身体的。（1：140）

成功有可能随时到来，但在此之前，我们必须做好耐心等待的准备，哪怕它是一场旷日持久的等待。带着这种坚韧不拔的精

神出发的人，他最终一定会赢得成功，一定会实现目标。（3：48）

冥想！最伟大的事情就是冥想。这是最接近灵性生活的途径——心灵的冥想。这是我们日常生活当中极重要的一个瞬间，意味着我们并不都是物质性的——灵魂在反思灵魂自己，从所有的物质性存在中救赎出来——这种与灵魂的触碰，极为奇妙、极为殊胜！（5：253）

我们曾有这么一个谚语："如果我想当猎人，我就去捕猎犀牛；如果我想当强盗，那我就去抢劫国王的金库。"抢劫乞丐，或者捕捉蚂蚁有什么意义呢？所以，如果你要去爱，那就应当直接爱上神。（4：20）

倘若你有那么一瞬间的静定，而且是究竟的、是彻底的，那么你就已经达成了目标。（6：96）

一个完全超越那些自私的、超越以物易物与讨价还价的种种念头，并且深入无畏抵达了理想境界的奉爱者，他的理想会是什么呢？这样的人到了神那里，他会说："我要将我的一切都献给你，我不期望从您这里得到什么，事实上，没有任何一样东西可以称作'我的'。"（3：91）

"不执着" 是所有瑜伽的根基。放弃安定的居家生活、放弃锦衣玉食的人，去到沙漠中，他仍然有可能是一个最为执着的人。他仅有的东西，即他自己的身体，可能会成为他关注的一切；他存活一日，就只为了他的身体而奋斗。"不执"并不意味着做任何与我们外在身体相关的事情，它全然发生在内心之中。"我"和"我的"之锁链，就在内心之中。如果我们没有这条与身体、与感官事物相连接的锁链，那么无论我们处于何地，身临何境，我们都可以做到不执。（1:101）

有两种方法可以令我们放下所有的执着。第一种方法适合那些不信神或不依赖任何外界帮助的人。他们任由自己发展，只需凭借自己的意志力、愿力和分辨力而精勤地行动，并告诫自己："我必须不执。"而另外一种方法则适合那些信神的人，且难度更小。这类人将放弃自己的行动果实并把它们献给神明。他们会不停地行动，却从不执着于行动的结果。他们的所见、所闻、所感、所做，都是为了神。他们所从事的任何善行，都不要求得到任何赞美或好处。一切都是神的，他们放弃果实而献祭给神。（1:102）

非一日之功

滴水石穿自非一日之功。信仰可不是像吞药丸那样，一次性吞下即可完成，它需要刻苦地、旷日持久地练习。控制心意的秘

诀，就在于缓慢而稳定地练习它。（1：407）

信仰是一个长期而缓慢的过程。在这儿，我们所有的人都是懵懂而未知的婴孩；我们可能年事已高，并且饱览了宇宙之书，但就灵性世界而言，我们都还只是灵性的幼儿。也许，我们已经学会了众多的教义与教条，但我们的生活却依旧如故，什么也没有发生。（4：36）

练习是绝对必要的。你可以坐下来，每天定时地听我宣讲，但你从不练习、不实践，那一切就都是空话，你不会前行半步。万事皆取决于实践。除非亲身经验，否则我们永远无法真正领会这些知识。我们必须倾其心意去看、去感受。光听解释、光听理论是不行的，并没有多少意义。（1：139）

检验一个人有没有进步，就看他的弃绝精神已经达到什么程度。当人们发现欲望和财富对自己的吸引力大大趋弱时，那么，无论他有什么样的信仰，我们知道，他的内在灵魂已经在觉醒，亲证自我的大门无疑是向他敞开了。不然，即使你遵守了一千条外在的规则，引用了一万份圣典的经文，如果它们没有使你做出一点点弃绝，那你就是在白费功夫，浪费生命。所以，要奋全力于这种亲证，并把你的心专注于斯。（7：211）

开端

以小溪和石头布道，确似富有诗情，但是，凡能够把道理传授出去的，必是对方的心里原本就有此准备。小溪在向谁布道呢？只能向那些生命的莲花已然开放的灵魂。心莲已开时，他自可以领受到溪石之教，也能够从一切事物当中得见信仰的启示；但是，心若未开，他就什么也看不见，眼前徒有溪水的流淌、卵石的滚动。（4:27）

纯净，绝对是基础性的工作，是整个巴克蒂建筑的基石。人们清洁外在的躯体和辨别食物的属性，这些都很容易，但若没有内在的清洁和纯净，这些表面功夫实无价值。在罗摩奴阇（Rāmānuja）给出的有利于纯净的品质清单中，他列举了以下几点：诚实，真挚，行善不谋私利，不以思想、语言或行为伤害他人，不觊觎他人的财物，不慕虚荣，不为他人的中伤而耿耿于怀。（3:67）

一个人如果心中从来不怀一丝伤害别人的想法，甚至还能够为自己劲敌的成功而欢呼，那么，此人就是奉爱者（Bhakta），他就是真正的瑜伽士，是所有人的古鲁，即便他每天以肉食为生。因此，我们必须永远记得，外在的实践，只在有助于发展我们内在的纯洁性时，它才是有价值的。只是注重于外在的规则并不具有实践意义，唯有内心的清净与纯洁最为可取。（3:68）

称诵圣名、仪轨、形式与圣符，都是为了净化我们的内心。在所有这些神圣的练习当中，最伟大的净化之道，没有它，任何人都不能进入更高的奉献领域的层级，那就是弃绝。这确实会让不少人震撼；然而，没有它，不可能有任何灵性上的进展。在我们所有的瑜伽修行当中，这种弃绝是必要的。弃绝，是一切灵性文化的垫脚石、真正的枢纽、真正的核心。而弃绝，其实才是真正的宗教精神。（3:70）

克服障碍

越是对邪恶、恐怖和苦难避而远之，它们就越会紧跟着你。直面以对，它们就会落荒而逃。（1:339）

活在生命的战场当中吧。寻常人只有在洞穴里或在熟睡时，才能获得平静。而你，当坚立于生命的旋涡中，努力行动，抵入真理的中心。假若你已经找到了这个中心，你就不会轻易被世界撼动。（6:84）

如此多的人专注于外在的仪式仪轨，而没有将心思直接用到阿特曼的思想上！如果你仍然昼夜蜷缩在规则与戒律的又窄又小的槽中，灵魂怎么会有所表现？其实，一个人对阿特曼领悟得越深，他对外在的形式之依赖就越少。（7:211）

在智性的发展方面，我们可以从书籍中得到很多的帮助，但在灵性的发展方面，书籍几乎没有什么用处。研究经典时，偶尔我们会误以为得了灵性上的帮助。但是，如果深入分析一下自己，我们就会发现，得到帮助的只是我们的智性，而不是灵性。这就是我们当中的绝大多数人之情况，即在灵性问题上，说起来头头是道，当真让他做起来却捉襟见肘的原因。这是因为，再伟大的典籍都是外在的，它并不能给我们以实际的推力。为了使灵魂更有活力，这种推动必须来自另外一个灵魂。（4:22）

更严重的是，如果灵性的傲慢侵入你的体内，那你就尤其不幸了，这是有史以来最可怕不过的束缚。任何财富的束缚，任何其他类型的对人心的捆绑，其实都比不上这种灵性傲慢所带来的束缚之严重。（1:429）

各种灵性练习

生于教堂固然甚好，而死于教堂则实为可悲。走出各种执着的地带！……作为起步，此事甚好，但是离开它吧！那只是一个幼稚的地方……但请放下它，去吧，直接去面晤你的神，没有理论，没有教义。彼时，你所有的疑虑才有望彻底消除。只有这样，所有的曲径都会变成直道。在无限的多中，看见那唯有的"一"；在无穷的死中，看见那唯一的生；在无常与多变当中，看见自己灵魂中那永恒不变者的存在——于是，他就臻入永恒的

梵之和平。（2:474）

人们常常以为自己的祈祷得到了外在的神圣回应，他并不清楚这种回应与满足其实来自他自己的本性，他成功地借着祈祷的心灵，一点点地唤醒了那盘踞在他自己身上的无穷尽的力量。（1:165）

这世界充满着对爱的谈论，但是爱的行动却如此稀罕。爱在哪里？你如何知道那就是真正的爱？检验爱的第一个标准，就是看它有没有讨价还价。只要你看到一个人爱另一个人只是为了得到一些东西，你就要清楚，那绝不是真爱，而是交易或买卖。只要有买卖，就不会有真爱。所以，当一个人向神祈祷，"给我这个，给我那个"，这便不是对神的真爱。为何如此？你祈祷，你要求一些酬报，那就是商业行为，是一种交易，而不是其他。（2:47）

虔信瑜伽或巴克蒂瑜伽（Bhakti-Yoga）是一门高层次的爱的科学。它告诉我们如何引导它，如何控制它，如何管理它，如何运用它，如何给它一个崭新的目标，以及如何从中得到最高与最辉煌的荣耀，即如何让它引导我们获得灵性上的至福境界。虔信瑜伽不说"弃绝"，只说"爱；但爱那位至高者！"。然后，一切卑微的、渺小的事物，皆会自人们身上脱落，因他们爱的对象是至高无上的那一位。（3:73—74）

巴克蒂所需的弃绝精神不是依靠除去什么而获得，而是自然而然地出现，正如在越来越强的光线下一样，较弱的光会显得越来越暗，直至最后，它们彻底消失。因此，那种感官层面的愉悦与智力成就上的追求，皆会变得黯然无光，最终因为对神的爱而抛到阴影里边去了。（3:72）

他的整个心胸与肺腑都在呐喊："神啊，我只要你！"神只会向这样的爱者启示出他自己。（6:88）

一个有限的主体是不可能去爱的，一个有限的客体也不可能被爱。当一个人所爱的对象于每一刻每一时都在步向死亡，而且伴随其成长而来的，是他不断变化无常的思想时，那么，他还能期望在这样的世上找到永恒的爱吗？除了在神那里，不可能有真爱。可是，为什么会有这些爱发生呢？因为它们都只是一些过渡。有一种力量在推动着我们前行，我们不知去何处寻找自己真正的对象，但这种爱正在驱策我们追寻它。我们一次次地发现自己的误认。我们抓住了某物，又发现它自我们的指间滑落，然后，我们再去抓取新的。就这样，我们逐步前行，直到见到最后的光明。（4:15—16）

我们为何要期待自己的行为有所回报？应该感激你所帮助的人，将他视为神。借着帮助我们的同伴你获得了敬神的良机，这难道不是无上的荣光吗？（1:77）

那个自我存在的人远离器官或器具向外看，但自我存在，即自我，是向内看的。你必须记住所需的资格：通过向内转动眼睛来了解这个自我的愿望。我们在大自然中看到的所有这些美好事物都非常好，但这不是看见神的方式。我们必须学会如何转向内心。

那位独立自存的"唯一者"远离于感官。一切感官都是指向外面的工具，但自存的"唯一者"，即自我，只能向内看，谨记这个必需的条件：渴望了解自我，就要向内看。在大自然当中看美的事物固然不错，但这不是看见神的方式。我们必须学会如何把目光指向内心的世界。（2:411）

……通过保持神圣而洁净的震动，让那个地方变得有光，而且持续被它照亮。那些连一个房间都没有的人亦可以在任何他们喜欢的地方练习。以一个平直的姿势坐定，首先要发愿，向一切生命传递神圣的祝福。心中不断默念，"让所有众生得快乐；让所有众生得安详；让所有众生得福祉"。东、南、西、北，各个方向祝福。你做的次数越多，你就越能感受到美好的状态。最后你会发现让自己健康的最简单的方法就是看到别人健康，让自己快乐的最简单的方法就是看到别人快乐。这样做之后，那些信仰者就应该祈祷——不是为了金钱，不是为了健康，也不是为了天堂，只为智慧和光明而祈祷；因余者尽是自私。接下来要做的就是，思想自己的身体，看到它的健康、它的健壮；它是你所拥有的最好的器具，所以，想象它像金刚一般坚强，在这个身体的帮助下，你将跨越整个生命的海洋。任何弱者皆无法实现自由，解脱永远不属于他们。抛弃所有的软弱。告诉你自己，身体是强壮的，告诉你自己，心灵是强壮的，并且对你自己有着无限的信心、无限的希望。（1:145—146）

这种冥想的力量将我们从身体当中分离了出来，然后灵魂就知道了自己的本来面目——不生不死，永恒地存在。在那里，没有痛苦，没有出生，而且也不再有演化。（4:249）

要控制好情绪。控制感官（Indriya）走向感官的对象，控制它们并将它们置于意志的指导之下。然后，就开始进入自制（Self-restraint）和自忘（Self-denial）的练习。如果没有这些精勤十足的努力和实践，如同祭物的献出，灵魂中任何一种神圣的觉悟皆不大可能被亲证。（3:66）

如果不能有益于他者，就不能为深陷于无知与错觉中的人们带来福祉，无助于将他们自各种欲望与俗物当中救赎出来，这种精神的实践或觉悟又有什么好处呢？你们可曾想到过？只要有一个有身的灵魂（Jīva）还处在束缚与挣扎中，你们会有任何的自由可言？只要这个人不曾抵入解脱——那可能得花上好几辈子——你注定得诞生人世，以帮助到他，最终让他也亲证到梵的境界。每一个有身的灵魂都是你的一部分——这是所有为他者而工作的理性基础。正如你希望你的妻子和孩子过得好，因为你深知他们与你是一体的。所以，一旦此种为一切有身的灵魂而工作的同等程度的爱与吸引力在你的内在觉醒，彼时，我就知道了，梵已经在你的生命中彻底觉醒。（7:235—236）

心，必须让它平静下来，因为心意总是肆意乱跑。就在我们坐下来冥想的时候，世界上所有极卑劣的念头就都冒出来了，乱七八糟，整件事情令人作呕。为什么心意的活动并不按照我们的意愿而行呢？因为，我们还是它的奴隶。只要心意飘忽不定，就不可能有任何的灵性知识可言。故此，作为求道的门徒与学生，必须得学会心意的控制。（8:110）

先让杂乱的心意跑一会儿，无妨，没必要压抑它。但是，你却要像一个冷静的目击者那样，观察心意的跑动，时时儆醒。于是，心意就分成了两半——奔跑者与目击者。现在，只需要加强你目击的那一部分，不必浪费时间去限制你的那种游荡。只要有头脑，它必定会思想；但是慢慢地、富有次第地，当目击者尽到了它自己的职守时，那个一直奔跑的玩家就会越来越受控制。直到最后，你停止了玩耍，停止了游荡。（6:135）

每一种性情皆有它自己的道路，但是，请记住一个总的原则：掌控心意。心，它就像一个湖泊，凡是落在其中的石头，必会溅起大小不一的涟漪。这些涟漪的荡漾使得我们看不清我们的真实面容。恰似满月映在湖中，但湖水却一直动荡，以至于我们无法看清满月的身影。让它平静下来吧，不要让原质泛起涟漪。保持平静，再过一些时候，它就会弃你而去。彼时，我们就知道我们究竟是谁了。（4:248）

将神牢牢记在心灵里面，其最行之有效的方法，或许，就是音乐了。神对虔信瑜伽的伟大导师拿拉达曾说道："我既不居住在天堂里，也不在瑜伽士的心中，但是，哪里有虔信者响起赞美的歌声，我就出现在哪里。"音乐对人的心灵影响如此之大，大到它能让人的精神在极短的瞬间集中起来。你会发现，平日片刻不得安宁的那些看似鲁钝、无知、低能，甚至野蛮的人，当他们听到优美的音乐时，也会立刻变得全神贯注。即便连狗、狮子、猫和蛇这样的动物心智，也会被音乐的魔力所吸引。（4:9）

虔信瑜伽或敬神之路，是一个缓慢的过程，但实践起来相对容易一些。在瑜伽的道路上有许多障碍；也许有不少的人，因为心灵追逐超自然的力量，结果就远离了亲证自性的道路。其中，智慧瑜伽（Jñāna-Yoga）是一条捷径，也是所有其他信条的基本原理；因此，它在所有的国家、所有的时代都会受到尊重。但是，即使在分辨力极强的智慧瑜伽士的道路上，很多人的思想也有可能让他们去做徒劳无益、无休无止的争论。所以，修习智慧瑜伽的同时，也应该练习冥想。通过辨别与冥想，能抵达梵的目标。用这类平衡的方式来修习，你定能达到你的最后目标。在我

看来，这是简单易行的道路，且能确保成功的道路。（7:198）

我们什么都不知道，我们是无知的，这种谦卑的姿态，将会为我们打开心灵的大门，寻到真理。只要尚有一丁点儿我慢（Ahaṃkāra）的影子存在，真理就永远不会进驻到我们的心间。所以，你们应该设法拔除这个根源于你内心的恶魔。完全的臣服（Self-surrender）是灵性启迪的唯一通途。（5:258）

通过爱的力量，感官会越来越灵敏、越来越精微与纯粹。在人与人之间，完美的爱是极其罕见的，因为人类的爱几乎总是相互依赖、彼此执着。但是，神的爱则不然，它是永恒的源头，没有什么能够伤害或扰乱到它。（6:144）

宗教事实

某一些宗教，就应当像世界上的那些科学一样，必须被深入观察与研究，真实的宗教将在此一基础上得以稳固建立。当然，有一些极端的说法，即你必须相信宗教的每一个教条，这其实是在贬低人类的心智。一个要求你相信一切的人，他是在贬低他自己；而如果你相信了，那你也在贬低你自己。圣者只是告诉我们其对自心的分析，以及所发现的事实，我们也可以像他们这么去做。事实就是如此。而这就是宗教的事实。（2:163）

所有的知识，都必须立足于对某些事实的观察与认知上；我们还必须以此为基础，建立起我们的理性。但奇怪的是，绝大多数人认为，特别是目前，在宗教里面，根本不可能有这种研究性的认知，对宗教的讨论是徒劳的。因此，我们必须知道，不要用徒劳的争论来扰乱心神。宗教是一个事实的问题，而不是嘴上谈谈的问题。我们必须分析我们自己的灵魂，以期看看那里究竟有什么。我们必须知其然，并当知其所以然。这就是宗教。再多的话语，也不能使宗教成为宗教。所以，神是否存在这样的问题，永远不可能通过争论来证明，因为争论的此方与争论的彼方其实是一样的。但是，假如真的有神存在，神就居住在我们自己的心中。（2:162—163）

伟大的思想若只是听听，那显然不够。你必须把它们运用于你实际的生活领地，把它们变成恒久的实践。把典籍上的箴言死记硬背直至滚瓜烂熟，那有什么意义呢？首先，你当理解典籍所言，然后，到实际生活中去印证。你能够明白吗？这就叫作行动的宗教。（7:117）

我不反对这世上存在各种各样的教派。愿神再增加一千万个，因为神越多，人们选择的余地就越大。我反对的是想让某种宗教来统一所有的生命情境与所有人的需求。虽然，所有的宗教，其本质上是一样的，但是，在不同的国家、不同的环境之下，就必然会产生不同的宗教样态。我们每一个人都必须拥有自己独特的"宗教",而就其外在而言,也必然会是独特的。
(1:325—326)

这就是我们这个时代的新宗教——胜王之道、知识之道、奉爱之道与工作之道的大综合——它向所有的人传播着智慧与奉献的精神,自上而下,不分年龄、不分性别。(7:496)

有些人担心,如果把全部的真理告诉所有人,就会伤害到他们,人们不应该无条件被给予真理,他们如此说道。但是,世界并没有因为真相的隐藏而好多少。还有什么比这种已经发生过的宗教历史更糟糕的吗?把真理带入人间,让真相大白!果真如是,则实为善莫大焉。(8:96)

不二论者(Advaitist)宣扬的究竟是什么?他将宇宙当中曾经存在的或将来存在的一切神都赶下了神台,并将人的自我,即高于日月、高于天国,甚至高于整个宇宙的阿特曼,拥上至尊之王座。没有哪一本书、哪一本典籍,也没有任何科学能描述出这个以人的形象呈现出来的自我的荣光,那是存在界最辉煌的神,这个曾在、今在、将在的唯一的神,唯一的永恒者。(2:250)

第十六章
霹雳与鲜花

世界需要有品格的人，需要那些生命充满了热情、充满了无私与燃烧着爱的人。那种爱会让字字句句皆有巨大的力量，如同霹雳。（7:501）

不管它是什么，让人悲观失望的一定不是宗教。（4:411）

若不改善妇女的境遇，世界的福祉无望。（6:328）

脑子弱的人、意志软的人、胆子小的人，都不可能找到真理。真理的获得者必须拥有自由的心，如广阔而深邈的天际。（8:104）

若母亲和父亲都因他而愉悦，神才会因此而愉悦。（1:43）

一切都得靠我们自己来挣得，没有什么权威、什么宗教真的可以拯救我们。若是有神在，众人皆可寻觅到他。没有人需要被告知个中的冷暖与苦乐，他们可以自己找到。故当与神同在，神恰好在我们所有人的意识之中。（8:15）

言语，只是一种心灵作用于心灵的一种方式。（6:134）

宗教作为一门科学、作为一门学问，人们可以据以进行有益的灵性训练。（2:66）

让我们的所求不是基于俗世的享乐。（8:29）

如果迷信进驻，智商必无下限。（3:278）

让人们以获得的美妙的灵感与启示，拥有他们所想拥有的一切神话吧。你必须铭记在心，因为情感的秉性，是不关心抽象的真理概念的。（2:393）

没有一个人生来就必须拥有宗教；因为在他自己的灵魂当中，本来就存有一个宗教。（6:82）

当务之急是重振人生，也就是说，为了让人们成为自己的主人，自己掌握自己的命运。（2:35）

迷信是人类的大敌，但宗教的偏执更是人类的大敌。（1:15）

走出去，走到无边的光景里去。走出去，从昏暗狭窄的人生小径当中走出去，那无限的灵魂怎能甘愿永久地屈居于小小的槽辙中，并死在那里呢？走出去，步入宇宙的光里。你会发现，宇宙的一切尽在你的心中，展开你的臂膀，以爱去拥抱，如果你能够经验到你所想要的这一切，你就已经经验到了神。（2:322—323）

在新的时代，人们一定要把吠檀多的精神活出来，而且，这必须在女性的参与下，才有可能真正地达成。（7:95）

这个地球，是比一切的天国更高的所在，是宇宙中最伟大的学校。（5:94）

当你对一个男人或一个女人进行评判时，请以他们各自所具有的最伟大的品格来评判。（2:26）

人们具有宗教性的第一表现，那就是发现自己变得开朗了，

洋溢着勃勃生气。（1：264）

这是我们最伟大的功课，我们在这里历经了无数的生死、辗转于无穷尽的天堂与地狱，除了觉悟出对于自我的超越外，再无别的召唤。（8：504）

其实，正是业力，它在永恒地宣称着人类的真自由。既然我们能够用业力让自己堕落，那么，也就确保了以我们自己的力量一定可以借业力来救赎自己。（5：213—214）

首先，要相信这个世界，相信每一件事的背后别有深意。（1：441）

我们无权因为自己的无私，就要求别人不再自私，难道不是吗？（6：417）

没有平等，怎么可能有友谊？（3：318）

除非你相信自己，否则你无法相信神。（5：409）

生命、身体和心意都会走向死亡，而我们则不然。我们既不来，也不去。（7：70）

今日，神已经被世界抛弃了，因为他似乎没有把世界服务好。所以，人们说："神有什么用呢？"很显然，人们仅仅是把神当成一种市政厅或办公场所一样的存在。（7:18）

我们要时时刻刻追求真理，但永远不要期望得到它。（1:439）

如有必要，诸事皆可牺牲，只为实现这一崇高的情操，即世界之大同。（6:285）

我的理想，简而言之，就是向人们宣布他们自己的神性，以及如何使它在每一个生命的活动中显现出来。（7:501）

我相信理性，我遵循理性。（2:336）

在我根除这一性别的区别之前，我是不会休息的。在阿特曼当中是否有性别的差异？请消除男女之间的界限——所有的人都是不朽的阿特曼！放弃对身体的认同，站起来吧！（6:272—273）

无数世纪以来女性承受的痛苦，也赋予了她们无穷的耐心、无穷的毅力。（7:95）

一切都是"自我"或"梵"。圣人、罪人、羔羊、老虎，甚至凶手，只要有任何的实体，就不能是别的，因为压根就没有别的存在。（8:12）

在天堂里，你能够得到什么呢？你变成了众神，然后吸风饮露。比起在地球上，那里的苦难更少，但是，随之而来的真理也就更少。（8:107）

在你心与大脑相抵触的时候，请紧随你的心走。（8:223）

凡是帮助一个人更多地表现出神性的行为，即为善行；凡是阻碍一个人表现其神性，即为恶行。（6:319）

诸位，请莫要做伪君子，或者胆小鬼。（5:97）

大胆地说出真理，无论它是否会带来伤害。切莫迎合人性的软弱。如果真理确实非彼等聪明之人所能够承受，那么，赶走他们吧，让他们走，越快越好。幼稚的思想是为幼稚园婴幼儿和野蛮人准备的。这些婴幼儿和野蛮人不只生活在幼稚园与森林里面，有些已经长大，并站在了讲道台上。当你的灵性已经强壮，继续待在教堂里是不好的。出来吧，纵身于更广大的自由，生死以赴。（7:79）

屹立不动，有如磐石。你是坚不可摧的，你是"自我"，你是宇宙的神。（2:236）

别因为担心下一刻是否会出错而说"我是受约束的"，只管继续说"我是自由的"，一切都会迎刃而解。（1:501）

你怎么知道一本书在传达着真理？因为你就是真理，所以可以感觉到它。这就是吠檀多的观点。世间有基督与佛陀存在的证据是什么？是你与我觉得自己像他们。（2:307）

当力争自由！自由的身体、自由的思想与自由的灵魂，这就是我自己的一生心力所向。宁是自由地做事，也比在枷锁下非自由地行善为好！（3:515—516）

太感情用事有害于行动。要刚柔相济，"坚定如石，温柔如花"，就是我们行动的箴言。（8:434）

各式宗教、典籍、吠陀——这所有的一切，皆属种植小苗或嫩芽的花盆而已。这些花盆最后都必须被扔掉。（7:6—7）

为你的灵魂做点什么！如果你乐意，哪怕犯点傻、犯点错也好，但至少请做点什么！（6:66）

阅读了足够多的书籍，掌握了足够多的理论。现在，生活才是最高的境界，是激发人心的唯一途径，它带着人的真理魅力。（5:65）

圆满并非来自信仰或信念。空谈毫无意义，因为鹦鹉都能够做到这一点。圆满来自无私的行动。（4:137）

不纯粹只是一种叠置，你的真实本性因此被遮蔽了。但真正的你，从来都是完美的、是强大的。（3:159）

所谓完美的女性，就是完全的独立。（8:198）

一切皆已存在于众生的自我之中。主张自由的人，将获得自由；言说束缚的人，将受到束缚。依我看来，自轻自贱是一种真正的罪与无知。（6:311）

有一次，我应邀去参加一个晚宴。女主人要我做饭前祷告，感谢神明。我说："夫人，我会向您做饭前感恩，我要把感恩和谢意献给您。"（8:132—133）

如果没有呼应自己生命中那些极特殊的、能触发他爱的心跳的事物，那么，此人就一无所获，什么也找不到。（4:322）

真诚远比虚伪有分量，善行远比恶行有分量。如果你拥有它们，那你在人世就能够完全畅通无阻。（5∶65）

我很高兴自己曾经做了一些好事，也做了一些蠢事。事情做对了，我当然开心；犯了许多的错误我也甘心，因为它们当中无论好坏的每一件事情，都给我上了极好的一堂课程。（2∶147）

纯洁的心是反映真理的最好镜子……如果你的心足够纯净，那么，宇宙当中的所有真理都会在你心灵的镜中映现。（1∶414）

我宁愿做一个没脑子而有心灵的人，也不愿做一个没有心而尽是脑子的人……一个人若是没有心肠只有脑子，必是枯燥得要死。（2∶145）

通常来说，灵性的道路应该通过智性来平衡，否则，它很可能会退化为一种纯粹的感情用事。（7∶22）

圣洁是最伟大的一种力量。其他一切在它面前都微不足道。（6∶89）

除了无限的灵魂不变，余者皆在变动。轮回的旋涡是无常的。除了你自己之外，没有什么是永恒的。自我之中有无穷的

喜乐，它永不改变。冥想，就是让这些向我们敞开路径。（4：249）

当你正在奠定地基、培育树根时，进展都必须是缓慢的、稳扎稳打的。（5：193）

这个世界是多么容易被虚假的骗子所骗，自从文明的第一线曙光开启以来，大量的欺诈行为已经堆积到那些可怜的忠诚者那里。（7：489）

每年都有成千上万的人来到我身边，问我这样的问题。有人告诉他们，如果他们是纯贞洁净的，他们的身体与能量就会受到伤害……老师究竟是怎么知道这些的？他们真的是纯洁的吗？这些无节操的、肮脏的蠢蛋，贪得无厌的家伙，他们想要拖垮整个世界。（1：520）

个体性，就是我的座右铭。（7：487）

所谓救赎，就意味着真理的亲证。我们并没有成为什么，我们即我们之所是……这是一个知识性的问题！你必须知道你之所是，至此才告一段落。（1：512）

我从没见过一个稍逊于我的人。（6：48）

所有抵牾的双方，皆出自同一个真理，它使自己适应不同的性质与境况，从而形成这种看似矛盾的现象。（1:18）

神是无限的非人格化的存在——恒常存在，它稳定不变、永恒不死、无所畏惧；你们都是他的化身，他的体现。这就是吠檀多所谓的神，他的天国处处皆是。在这个天国里，居住着所有人格化的神，即你们自己。（8:134）

我们应该勇敢地敞开自己的大门，接收外来一切可能的光。让光从地球的四面八方照射进来，形成疾风骤雨的力量，让一切软弱消失。（4:406）

我们不能"知"梵，我们即"是"梵。而且，我们都是梵的整体，不是它的碎片。（8:21）

我们所拥有的所有知识，它不管是关于外在世界，还是关于内在的，都必须通过一种方法获得，即通过心意的专注。（4:219）

我相信，宗教是人类本质结构的一部分，除非一个人能够放弃自己的身心，能够放弃自己的思想与生命。否则，他不可能放弃宗教。只要一个人认为，这种人世的奋斗必须继续下去，那么他就一定具有某种形式的宗教。因此，我们看到世界上有各种形

式的宗教。这是一个令人颇困惑的问题，但是，它绝不像我们许多人所认为的那样，纯然是一个虚妄的想象。（3:1）

务必使我所踏出的每一步，永远都在自我的光照之下行进。（7:59）

在任何人的心中，只要有爱存在、有甜蜜的情感存在，那么，无论是圣徒，还是罪人，无论是天使，还是杀人犯，也无论是身体或心灵，还是感官，那一定是来自它，阿特曼。（2:421）

唯一有价值的知识，就是照见了存在界的虚空。但很少有人知道这一点。"只是去认识阿特曼，放弃其他虚空的话语。"这是我们唯一的知识，是从我们与宇宙的一切交往与碰撞中获得的。所以，我们唯一的工作，就是呼吁人们"醒来，站起来，直到目标达成，切勿停止"。这就是舍弃（Tyaga）的精神。（8:385）

学问与知识皆是华美的事物，但它们只具备表面的光彩，所有的力量皆启自心灵。那个拥有知识、力量和行动的阿特曼，它的至尊席位并不设在人的大脑，而是设在人的内心。你的心力显示得越是完全，你所取得的胜利也就会越大。只有少数的人能够理解大脑的语言，但是每一个人甚至每一存在，从造物主，一直

到一丛草木，都能够理解来自心灵的话语。（6:425）

按照智慧瑜伽，我们应该不执着于世界，但不是放弃世界的行动。活在世间，而不属于世间，这才是对弃绝的真正考验。（5:272）

我们必须友善对待所有人；我们必须怜悯那些身处苦难中的人；当别人高兴时，我们也应该高兴；而对于恶人，我们漠然视之。这些态度，会让我们的心意平安。（1:222）

真理的一个字句都不会消失。也许，它在垃圾堆中被藏匿了无数的时代，但迟早它都会显露出自己的面容来。真理是颠扑不破的，德性是颠扑不破的，纯洁也是颠扑不破的，它们立于不败之地。（5:57）

感觉就是生命、力量和活力。没有它，智力再怎么活跃也无法触及神。（2:307）

对社会与公共观念的崇拜，都是偶像崇拜。灵魂无性别、无国界、无地域、无时限，它不受任何事物的约束。（8:37）

神对于那些为实现自己内心的理想而精勤努力的人，是非常仁慈的。但对无所事事、不努力不拼搏的人，你将发现神的恩典

永远不会出现。（5:398）

即使你把世上生成的一切最好的哲学学了个遍，但是，假如你在行为上仍是一个笨蛋，那也没什么意义。（3:536）

是谁让我们愚昧无知的？是我们自己。是我们亲手蒙住了自己的双眼，满目漆黑，然后在黑夜中抽泣。（2:356）

也许，我们会受到在轨道运行的行星影响，但这些对于我们来说无关大体、毫不重要。佛陀曾说："那些依靠占星术和其他技艺来谋生者，你们应当避开与他们的交往。"佛陀深知其中的伎俩，因他是有史以来最伟大的印度人。让那些行星来吧，会有什么害处呢？如果一颗星星就扰乱了我的生活，那我的生活就不值一钱了。你会发现那些迷信占星术和所有神秘事物的人，通常都有心智软弱的迹象；因此，一旦它们乘虚而入，占据了我们的头脑，我们就应该去看医生了，然后吃好、睡好、休息好，别无他途。（8:184）

任何能够导致我们身、心、灵软弱的东西，都要避而远之，连脚趾尖都不要碰触它。（8:185）

整个存在界的秘密，就是让我们拥有一颗无所畏惧之心，别害怕自己将会变成什么，别害怕自己的无所依靠。唯有当你放下

所有的外在援助，你仍是独立之时，你才是真正自由的。（7：47）

如果是真正的教学，其第一个标志就是，它不能与理性相抵牾。（2：390）

○

一

　　《行动瑜伽》等辨喜的系列著作次第于商务印书馆出版后，引发了许多中国读者的兴趣，这里面，既有瑜伽界的学人，也有研究印度哲学与宗教的学者，还有一些趣味深闳的艺术家、电影导演与优秀诗人。但辨喜的作品极多，恢宏浩瀚，洋洋九大卷、近一千万言的巨构，目前我们也只能译出他最主要的作品。这次，此本《瑜伽：活在源头的秘义》，却与其他诸书颇有不同，它不是辨喜的专著，而是一本自他而来的箴言集。它原先在美国编成，后由著名的香巴拉出版社推出，是当年一纸风行的畅销书。

　　此书用印度人的话讲，就是最华美的"宝鬘"（Chudamani）了，其实是他最富冲击力的那些语录之汇编，灵性飞舞，气象万千，正属吾人所期待者，它的内容既解决存在的真谛，也解决世界的俗谛。大概只有如辨喜这样的圣者，才有如此雄峻之慧力，有此罕见之胆魄，以大无畏的金刚之力扫荡一切宗教的迷信化、神秘化，无论它是基督教、还是印度教。

他认为，即使是宗教的探索，我们也必须以理性为基石，我们必须遵循理性所指引的方向。当理性失效之际，理性本身会指引我们向着最高层面的那个道路前行。启示比理性有着更高的来源，但是，启示永远不反对理性本身。不运用理性来探究神的奥秘者，只是答磨气性的束缚，让人懒惰，趋于信仰的盲目，趋于神秘化，才走向了最后的迷信。他在书中说道："如果你在奥义书里面发现一个词，它就像一个炸弹一般，能够炸开一大堆无知的东西，那么，这个词一定就是'无畏'了。唯一应该教导的宗教，是无畏的宗教，无论是在现实的世界，还是在宗教的灵性世界，恐惧确实是一切堕落与罪恶的根源，是恐惧带来了痛苦，是恐惧带来了死亡，也是恐惧，从它那里滋长出各种各样的邪恶。"

二

辨喜的智慧，足可比肩佛陀、商羯罗等。他作为全球化时代的先知，作为近代"东学西渐"的第一人，他把印度的吠檀多哲学与瑜伽思想，一起带到了西方文明世界。曾有人问起，说辨喜属于什么瑜伽流派。我想，他是一个开创了瑜伽时代的人物，若是把他纳入了某某瑜伽流派，那无异于水中望月、井底窥天。在中国的庄周那里，这个也叫作"蠡测管窥"，因绠短而汲深，以掌排天，可谓智孤与力薄，其势必不能为也。唯有把他放在整个印度文化的大根大本那里、最幽深的精神地带来理解，才会有一个相对准确的把握。一句话，他属于整个人类的文明。

辨喜无疑是继承了印度最古老的吠陀传统，尤其是奥义书的至尊义理，其核心思想就是"梵我一如"（Aham Brahmasmi，见《大林间奥义书》1·4·10），这也成了他一以贯之、念兹在兹的最上第一观念，这是"不二论"，也是最彻底、最究竟意义上的一元论哲学。但他如此说道：

"所有晦涩、枯燥的不二论哲学，必须变成我们每日所经验到的、鲜活而盎然的诗意；那些错综复杂、抽象得几乎令人绝望的神话，必须化作人间具体的道德形式；而扑朔迷离、充满神秘气息的瑜伽，必须成为最科学、最具有实践意义的心理学。

一言以概，所有这一切，必须成为这样一种形式，连最幼稚的孩童也能够理解它、掌握它，这就是我毕生的工作。"

他曾借着不二论，涉入道德哲学的根基，即伦理学的第一因，他说："作为已经显现出来的存在，我们似乎是分离的，但我们的实在是一体的。故越少认为我们自己与那个'一'、与那个整体分离，对我们就越好；而越认为我们自己是与那个整体分离的，我们就越痛苦。由这种一元论的原则出发，我们才能触及伦理学的第一因，我敢肯定，我们不可能从任何其他的地方为人类的道德现象找到这种根本性的基础。"

当然，由于近代西方科学精神的兴起，也一并带动了心理学、政治学的兴起。而印度的心理学发端是如此之早，其原因无他，因其文明的缔造者，大都属于隐居森林、长年沉浸于冥想境界的灵性大师，对人类内宇宙的观察与开发，极为深透而圆满。辨喜又是对近代西方的学术路径颇有了解者，故而在欧美国家弘道之际，他常常结合胜王瑜伽，把印度的瑜伽心理学，与近代欧美刚刚萌芽的心理学做了不少的对勘与比较，路径实有不同：一是客观的实验，一是主体的冥想。相比印度大师对人类心灵的把握而言，西方的心理学大体还是如同《周易》当中的屯卦一般不稳定，属于"雷雨之动满盈，天造草昧"的初创阶段。

如今，我们已很难确切知道，在西方文明世界里，他话语的真实分量所引发的震撼，反正当年的哈佛大哲威廉·詹姆斯是心服口服的，在他的日记里面，不断地记录下辨喜的话语，后来成了他写作《宗教经验之种种》与《实用主义》等名著的第一手心理学资料。只是辨喜那种启示人心、熠熠生辉的瑜伽精神，最后竟成了美国实用主义哲学的理论渊薮，这也是颇让人意外的。

印度文化有所谓的四种追求（Puruṣārtha），其最高的追求就是解脱或自由（Mokṣa）。人们常常说及"自由"一词，但该词实在包蕴广远，堪称博大而深邃，但同时也一定是歧义百出、歧途遍布的语辞。以自由窒息自由、以自由背叛自由的荒谬现象，在人类历史上更是比比皆有；20世纪以来，西方政治领域里面的"自由主义"之理论羽翼渐丰，尤其作为最大的政治哲学之思潮而影响到世界。但是，人们甚少注意到印度的古今圣者，譬如佛陀、辨喜等人，究竟是如何理解自由的、理解生命的救赎精神的。我们若是听听他们的话语，很快就会拥有一种全新的视角，启人也多，自省也深。

辨喜于1896年10月22日，在伦敦做过一个公开的演讲，其题目就叫作《摩耶与自由》。按照辨喜的理解，存在界就是摩耶的巨网，若不是内在的觉悟，自由是不可能的，外部世界的解决，终究还是最末端的事，他曾说："所有的灵魂都在摩耶世界嬉戏着、都在进行着神性的利拉（Līlā），只是有些灵魂是有意识的，有些则纯粹处在无意识当中。而宗教，正是在有意识地去学习这种神性的游戏。"（5:270）

只是与自由匹配的人很少很少，因为那需要巨大的勇气与无畏的精神，很少有人真的敢去实践与亲证他内在的神性，那就意味着，他不但需要放弃人间的任何回报，也需要放弃人格神的护佑，放弃彼岸的天国。为此，必须有极坚强的心性与意志才能办得到；届时，若有一丝的摇摆不定，也是跌入软弱的一种迹象。辨喜认为，其实，人永远是自由的，人也永远完美，否则他不可能成就自由、成就完美，但是，他必须得自己意识到这一点。如果一个人尚且被外在的世界所束缚、所决定，则足证此人尚是一介凡夫。而自由与不朽，则只能发生于无条件的那种真实当中。

单凭这一不二论的信念，即让人秉有了无比的勇气与价值。每一座孤岛都被深海所拥抱，每一颗星星都与银河相交汇，而每一个自我，其实都是神圣者的某种乔装。然后，再结合行动哲学与奉爱瑜伽，便可以在世界的风中自在成长，直至圆满之日。

三

在此书中，辨喜论及的话题甚多，除了智慧瑜伽、行动瑜伽、虔信瑜伽外，其实还有胜王瑜伽的许多技巧。辨喜认为，胜王瑜伽非常有助于那些被传统的清教主义扭曲了心地的人。因为，西方的清教主义之保守，其危险在于，它容易使我们把身体的某些功能、某些能量视为邪恶的、视为撒旦的手腕；而另一些功能与能量，则属于上帝的恩典，就是高尚的、该赞美的。他们看不到此两者之间的任何联系。胜王瑜伽却如此提醒我们，人类的"心—身"其实只具有一种生命力。只是这同一种力量在不同的意识层面呈现，才有了不同的形态。它既可以驱使一个人去画画、去赛跑，或者去性交、去恋爱，也可以去祈祷。但无论它将带你去往何方，始终都是同一种力量在运作，就像超级市场里的电梯一样，它能载你去买女式的帽子、买体育的用品，或者买家具，也能带你去往楼层最高的圆顶餐厅享用美餐。

有一些误解了弗洛伊德的人，常常会轻蔑地说道："宗教，除了压制性、压制人的自然性以外，它什么都不是。"这样的评论，其实是想威胁人们厌恶并放弃宗教的信仰。但这些丝毫不能吓住深谙胜王瑜伽、熟悉昆达里尼能量如何运转的人。他们会如此回应道："性，不过是潜在的宗教，而宗教，则是高级的性。把相同的能量用于更高的目的，你将获得觉悟、得到解脱。"所以，瑜伽，就是低维能量联结高维能量的科学，同时，它还是人世行动的生命艺术。

四

我曾经在南方的一个寺庙当中，看见有人禅坐出来，目光炯炯，他问我道："你说，唯物论是否已经过时了？"我回答道："唯物论永不过时，正如王阳明的心学永不过时一样。它们只是存在界的两翼，相摩相荡，而且还彼此含摄，彼此作用。这也正是中国古典时代的周易哲学的精义。只是，单纯的唯物论是浅薄的，单纯的唯心论也是浅薄的，故必须保持一种中道的宏大、心性与物性的遍在，才是真正有力量的哲学。"而辨喜的瑜伽哲学正是如此。

我们曾经翻译了辨喜的《千岛语录》，有一朋友读后留言道："十余年来出入各种修行流派，辨喜是唯一让我五体投地的大师，超越一切宗教的存在，每句话都发人省思。希望译者能译出他的完整全集，功德无量。"我想，我们对辨喜的认识可能还刚刚起步，许多事情尚需准备，故而目前纵有翻译全集的雄心，然而真要完成它，岂是一件易事哉！但这本书籍，恰好是其全集的精华，恰如自灵性的乳海搅拌而出的无上甘露，所有丰厚而盛大的复杂滋味，尽化作了此一炉圣言。且让我们尝鼎一脔，略略窥知其真味可也。希望它的活力，会促成你的活力；它的生命，会赋予你以生命；它也会帮助你摧毁虚假、划破摩耶的幻境。希腊的晦涩哲人赫拉克利特曾说，灵魂的边界是如此之幽邃："即使穿越每一条道路，人也永远不能发现灵魂的边界——它拥有的范围是如此之深广。"辨喜在人世仅仅度过了三十九个年头，然确实是辉煌而短暂的一生，其灵魂所涉入的深度之幽邃，着实让人震惊。1902年7月，辨喜去世，临终前他留有一言存世："我为我的降生而高兴，为我遭遇的苦难而高兴，为我犯下的大错而高兴，为我归于平静而高兴。"

五

我们深知，要把辨喜的语意以汉语妥帖而恰切地传达出来，殊称难事。关于此类工作的性质，一代高僧鸠摩罗什在《西方辞体论》中有言："改梵为秦，失其藻蔚，虽得大意，殊隔文体，有似嚼饭与人，非徒失味，乃令人呕哕也。"

吾人乍见此一语句，真是如剑如戟，非但芒刺在背，它还直指眉端。但为了辨喜思想的时代意义，复又出于对他个人的深度景仰，便勉为其难，竭力译出。此书大体先由喻雪芳译出，继而由闻中作全面的校订与修正。力求将此一精神的盛餐，以雅正而畅达的汉语风格，以飨同道。虽称竭力，但限于水平，疏漏必是不少，尚祈方家不吝赐正为盼。

如今，我们借着加尔各答贝鲁尔圣地的杜迦南达之助，与美国波士顿的斯瓦米·提雅歌南达（Swami Tyagananda），加州好莱坞的斯瓦米·斯维达瓦南达（Swami Sarvadevananda）交涉该书版权问题，最后由印度的重要出版机构，也就是曾出版《辨喜全集》的"不二论"道院（Advaita Ashrama）的负责人斯瓦米·穆克蒂达南达吉（Swami Muktidanandaji）处，获得了该书的汉译版权，作为四川人民出版社《瑜伽文库》之一种出版，这里要特别感谢王志成教授，何朝霞女士。

今日，杭州的天色大开，一扫连日的阴晦之气象，春满花枝、神游乾坤，于是，在物性的荡漾中，人心也得了天地宇宙的大欢喜。

我一个人独坐在自家的窗前，一字一句地敲出辨喜的这些有形有质的真文真字来，也正有满满的欢喜心荡漾在里头。按辨喜的意思，宇宙的多元，即隐藏在存在界的那个唯一性里面，就此，中国的古人有诗甚好，曰："千江有水千江月，万里无云万里天。"万事万物皆然，无量的众生心，亦何尝不是这样一边在显化、一边在收藏当中呢。

是为跋！是为祝！

Namaskar!

闻中

乙亥年春于杭州古墩路